古代生活习俗

徐 潜 \ 主 编

张 克 崔博华 \ 副主编

李思默 祁慧琳 \ 编 著

吉林出版集团 吉林文史出版社

图书在版编目（CIP）数据

古代生活习俗 / 徐潜主编 . —长春：吉林文史出版社，2013.3（2025.9重印）

ISBN 978-7-5472-1477-0

Ⅰ.①古… Ⅱ.①徐… Ⅲ.①风俗习惯-中国-古代-通俗读物 Ⅳ.①K892-49

中国版本图书馆 CIP 数据核字（2013）第 062780 号

古代生活习俗

GUDAI SHENGHUO XISU

主　　编	徐　潜	
副主编	张　克　崔博华	
责任编辑	张雅婷	
装帧设计	映象视觉	
出版发行	吉林文史出版社有限责任公司	
地　　址	长春市福祉大路 5788 号	
印　　刷	唐山富达印务有限公司	
版　　次	2013 年 3 月第 1 版	
印　　次	2025 年 9 月第 5 次印刷	
开　　本	720mm×1000mm　1/16	
印　　张	10.5	
字　　数	250 千	
书　　号	ISBN 978-7-5472-1477-0	
定　　价	68.00 元	

序　言

　　民族的复兴离不开文化的繁荣，文化的繁荣离不开对既有文化传统的继承和普及。该书就是基于对中国文化传统的继承和普及而策划的。我们想通过这套图书把具有悠久历史和灿烂辉煌的中国文化展示出来，让具有初中以上文化水平的读者能够全面深入地了解中国的历史和文化，为我们今天振兴民族文化，创新当代文明树立自信心和责任感。

　　其实，中国文化与世界其他各民族的文化一样，都是一个庞大而复杂的"综合体"，是一种长期积淀的文明结晶。就像手心和手背一样，我们今天想要的和不想要的都交融在一起。我们想通过这套书，把那些文化中的闪光点凸现出来，为今天的社会主义精神文明建设提供有价值的营养。做好对传统文化的扬弃是每一个发展中的民族首先要正视的一个课题，我们希望这套文库能在这方面有所作为。

　　在这套以知识点为话题的图书中，我们力争做到图文并茂，介绍全面，语言通俗，雅俗共赏。让它可读、可赏、可藏、可赠。吉林文史出版社做书的准则是"使人崇高，使人聪明"，这也是我们做这套书所遵循的。做得不足之处，也请读者批评指正。

编　者

2014 年 2 月

目　录

古代婚姻

　　婚姻生活是人类生活中不可或缺的一方面。在中国古代，婚姻是"合两姓之好"，从而完成"上以事宗庙，而下以继后世"的重要功能，男女的婚姻，完全是在"父母之命，媒妁之言"的操纵下实现的。当事的男女双方往往处于被动的境地，任由他人摆布。而古代女性在婚姻中的地位和权力就更加微乎其微，她们也就常常成为各种各样的婚姻悲剧中的主要的受害者。

一、氏族社会的婚姻状况

男女婚姻的配合，是自然界的法则，也是人性的需要。只不过人把婚姻这个词语社会化了，赋予它科学和文化的内容。

（一）杂婚和血缘婚

在距今大约三四万年前的母系氏族社会时期，在原始人群之中，两性关系还只是杂乱的性交关系，此时还没有形成婚姻制度，每一个女子属于每一个男子，每一个男子也同样属于每一个女子。这种杂婚现在已经不存在了，但在古代传说中可以找到一些痕迹——性行为随意、杂乱没有固定配偶的婚姻形式。在远古时期，没有任何规范性的婚姻制度，生活在一起的原始部落，是一个劳动生活单位同时也是繁殖机构。群体内的杂乱性交是猿人繁殖后代的根本方式，部落内成年女子都是成年男子的妻子，反之成年男子也是所有成年女子的丈夫。因而在当时，兄弟姐妹、父母子女之间发生性行为是无法避免的，也是正常的。这种杂乱的性行为自然而然地形成了杂婚。《吕氏春秋·恃君览》中说："昔太古尝无君矣，其民聚生群处，知母不知父，无亲戚兄弟夫妻男女之别，无上下长幼之道，无进退揖让之礼……"远古时候没有君主，民众都生活在一起，孩子只知道自己的母亲是谁，而不知道谁是自己的父亲，没有亲戚兄弟姐妹、夫妻之间的分别，更没有上下之分，也没有进退让步的礼节。在这种杂婚的风俗之下，很难形成任何家族。由于母系延续着下一代的生命，母权起着重要的作用。在我们国家，距今约170万年的元谋人以及后来的蓝田人、北京人，大致都处于这个阶段。

从原始杂婚进入血缘婚后，已经逐渐排斥不同辈分的杂婚。"血缘婚"是以同胞兄弟和姐妹之间的结婚为基础的，随着婚姻制度的扩大，才逐渐把旁系兄弟姐妹包括在婚姻范围之内。血缘婚是杂婚的进一步发展，是一种排斥父女

古代生活习俗

辈、母子辈以同胞兄弟和姐妹之间婚姻作为基础的一种婚俗制。在这里，婚姻群体是按照辈份来划分的，同辈男女之间既是兄弟姐妹，又是夫妻，一群兄弟与姐妹互相共夫或者共妻，子女为群体共有，把男子的长辈作为共同的父亲。一个兄弟有多少直系或者旁系姐妹，就有多少妻子，反过来，一个姐妹有多少个直系或者旁系的兄弟，也就有多少个丈

夫。随着这种婚姻群体由直系同胞向所有的旁系同辈扩展开来，便形成了人类最早的社会组织形式，即血缘家族。血缘婚是从杂婚迈向群婚制的一个过渡。祖先与子孙之间、父母与子女之间的杂乱性交被排除了，这是婚姻史上的一大进步。据今约二三十万年的马坝人、长阳人和丁村人，实行的就是这种婚俗。由于这种婚姻形式是近亲婚配，后代容易有遗传病，随着自然选择的作用逐步为人类所认识，乱婚制逐步为人类所否定。

（二）多偶婚和对偶婚

血缘婚在人类历史上存在过很长一段时间之后，就被多偶婚代替了，多偶婚就是摩尔根在《古代社会》中所说的普那路亚家族，这个名称是由夏威夷的普那路亚亲属关系而来的。多偶婚排除了兄弟姐妹间的通婚，一群兄弟与另一群妹的通婚，兄弟共妻，女子共夫，女子之间互为"普那路亚"（意思是亲密伙伴）；同样，一群姐妹与另一群兄弟通婚，姐妹共夫，兄弟共妻，男子之间互为"普那路亚"。这是一种在排斥血缘婚的基础上而允许其他两组兄弟和姐妹之间的群婚，比血缘婚更进一步。多偶婚是一种过渡性的婚姻制度，它不断排除兄弟姐妹间的任何婚姻关系，同时又保留了很长时期旁系兄弟姐妹通婚的关系。它还使更远的兄弟姐妹不断加入婚姻关系。氏族组织在社会上普遍形成后，慢慢地，兄弟们不再娶他们的旁系姐妹，姐妹们也不再嫁给她们的旁系兄弟。这是人类在自身发展过程中迈出的重要一步，为文明的婚姻形式开辟了新的道路。

氏族社会的第一个发展阶段是母系氏族社会。在那个时候，年龄大、辈分高的女子被推为首领，掌管氏族事务，形成了母权制。因为孩子在母权制的多偶婚下，只知道他的母亲，而不知道她的父亲，所以世系也只能按母亲这方面来确定。我国古代有女子成姓的习惯，而所有古姓，大半以女字为偏旁，例如姬、姜、好等。在实行多偶婚的部落里，每一个家庭都是一半在氏族之内，一半在氏族之外，因为多

古代婚姻

3

偶婚要求丈夫和妻子必须属于不同的氏族。多偶婚的遗迹，可以从古代文献对于亲属的称谓制度的记载中看出来。在《尔雅·释亲》中，兄弟的儿子没有专称，一律叫作"昆弟之子"。多偶婚制下，子女为一列兄弟所共有，父亲无法也无须在一群子女中区分哪个是自己的孩子，哪些是自己的"侄儿""侄女"，自然也没有了那些称谓。多偶婚共妻，姐妹共夫之风在当时非常严重。传说舜以贤孝著称，帝尧将两个女儿即娥皇、女英一起嫁给了他。舜的弟弟象，见嫂子们很漂亮，就想杀掉舜，"二嫂使治朕栖"（《孟子·万章上》），把嫂子们占为己有。这次舜就一次娶了两个女子，而象又想娶舜的妻子作为自己的妻子，这也是多偶婚的痕迹。

（三）一夫多妻制

随着社会的发展，大约在五六千年前，我国长江和黄河流域的一些氏族部落，逐渐进入了父系氏族社会。母权制的对偶婚，带来了一个新的迹象，子女确认了自己母亲的同时，也确认了自己的父亲，父亲也可以确定与自己有直系关系的血缘子女。

母权制社会的时候，子女只能单独地继承母亲的财产，而不能继承父亲的财产。但是随着生产力的提高，男子的地位也在不断地上升，他们所创造的财富也更多，他们试图借此来改变当时流行的氏族成员继承制，使子女享有继承权，给以对偶婚和母系氏族为基础的氏族社会沉重的一击，女性世系必然解体，而男性世系相应地必然会取而代之。慢慢地，氏族男性成员的子女都留在本氏族内，女性成员的子女则再也不属于母亲的氏族，而转到父亲的氏族中去。这样就逐步废除了按母方计算世系的方法，确立了父亲的继承权。

在父系氏族社会时期，在对偶婚的形式下产生了一夫多妻的现象。由于生产劳动特别是战争对男子的需要，男子的数量在不断减少，从而造成男女两性的不平衡，使女性人口过剩。这种情况的产生以及女性地位的下降，都为男子享有更多的妻子提供了条件，再加上多偶婚遗风的影响，在一些实行对偶婚的氏族中间实际上维持着对偶的同居形式，多妻的占有制，后来又发展为父权制的家庭。这个家庭的家长过着一夫多妻的生活，保存了对偶婚的一面——男子多妻。这种现象出现在父权制社会的晚期。

随着财富的增加，权势的扩大，一些氏族的首领逐渐占领了除了日常生活之外的剩余物资成为了奴隶主，他们为了自己的贪欲，不断地进行征伐、战争、掠夺财物，于是原始社会宣告解体，中国进入了奴隶制社会。

二、关于先秦女子的亡国论

如果说夏、商、西周三个朝代的建立有些相似之处，都是由一代先人历尽千辛成就的话，那么它们走向终点的方式也很类似。

（一）夏桀、商纣、周幽的亡国

夏代的第十六代君王夏桀因为妹喜而使夏代灭亡，是历史上非常著名的事件。《史记·夏本纪》中记载：

"桀不务德，而武伤百姓，百姓弗堪。"

他修了很多的宫室和楼台，修了一个大池子，里面装满了酒，进行享乐，每天和宠幸的人喝酒作乐，使用全部的武力，任意地发动战争，昏庸无道，还把自己比作天上的太阳，于是人民实在是忍无可忍，喊出了"时日曷丧，予及汝偕亡"的誓言。

夏桀发动攻打有施氏，有施氏知道夏桀酷爱美女，于是献出美女妹喜进行求和。妹喜被逼成了妃，因为每天都很思念家乡，整日都没有笑容，只有听到撕手绢声音的时候才能偶尔笑笑。于是夏桀给了她很多手绢，以博她一笑。夏桀每天与妹喜和其他宫女饮酒，常常把妹喜放在膝盖上。后来他又去征伐岷山氏，岷山氏知道他有这个喜好，也同样给他送来了两个美女，长得如花似玉，一个叫作琬，一个叫琰。夏桀把她们两个的名字刻在传国的宝玺上，而舍弃了妹喜和其他人。

这个时候商汤命令伊尹去夏朝作间谍，伊尹恰巧遇到了被遗弃的妹喜，在这个时候妹喜把她的感情转移到了伊尹身上来，她看到夏朝已经没有挽回的余地了，于是和伊尹一起，帮助商汤灭了夏朝。

商朝最后一代君主商纣王也是一个残暴、荒淫的王，商纣王有很多妻子和妾，每天都通宵达旦地饮酒作乐，还到处寻求美女，当时苏国的侯爷对纣王非常地不满，与是纣王就下令攻打苏国，苏国打不过商，便贡献美女妲己进行赎罪。纣王喜爱喝酒、淫乐，特别偏爱妲己，对妲己说的每句话都听从。所有的妻妾制作胭脂，在脸上涂桃花一样的妆，为了使纣王高兴。纣王作"酒池肉林"，把池中注满甜酒，把熟肉挂在枝头，让男女裸体互相追逐，并且不分白天黑夜地饮酒。纣王又极为残酷，他特别喜欢用弓箭射人，解剖人心，因为妲己想看看孕妇腹中胎儿的性别，纣王竟剖开孕妇的腹部，残暴无比。

周武王来的时候，商代终于在众人的怨恨之中灭亡了，纣王登上鹿台，自焚而死，妲己也自杀而亡，商朝灭亡了。

周朝的最后一个王是周幽王。幽王即位的第二年，关中发生大地震，《诗经》《小雅》中都有记载，自然灾害带来了大饥荒，百姓到处流亡，社会矛盾更加严峻了。

夏商两代虽然有很多妻子的现象，但是还没有嫡长子的制度，也不存在嫡长子和庶子争位的问题。周公制礼以后，周人在宗法思想支配下，只接受长子继承制，如果违背这个制度，常常受到惩罚。

周幽王娶了申侯的女儿立为申后，申后生了儿子为宜臼立为长子，后来立为太子，成为宜臼太子。周幽王非常昏庸无道，是非不分，善恶也不能辨别，且不问政事，他派人到处去寻找美女来充实他的后宫。周幽王得了褒姒之后，常常很多天都不上朝，非常宠爱她。过了一年之后，褒姒生了一个儿子，取名为伯服，周幽王更像珍宝一样将其捧在手里。当时有个卿士虢石父常常阿谀奉承，为了投幽王的爱好，他建议立褒姒为后，伯服为太子。于是幽王与他进行密谋，将申后打入冷宫，废太子宜臼为普通人，改立褒姒为后，伯服为太子。

幽王为博得了褒姒一笑，点燃烽火台让褒姒观赏（古代的烽火台是用来传递信号的，因为有急事的时候联系起来非常的不方便，就用烽火来传递信号），

于是在诸侯之间就失去了信用。这时候申侯（申后的父亲）联合缯与犬戎攻围，幽王再度举起烽火召见各国的诸侯寻救救驾。诸侯因为上次被戏弄，这次又以为是欺诈，于是都不起兵。公元前771年，申侯率领西戎等部来到镐京，幽王和褒姒逃奔骊山，申侯杀幽王于骊山之下，掳掠了褒姒。后来褒姒自杀而死。西周灭亡。

三、贞节的产生与文君私奔

从我国进入宗法制社会以后，女性的地
位就始终处于男权的压迫之下，对于女性的
种种约束也是接踵而至，它是对于女性单方
面的禁锢，在男女婚姻中也是如此。

（一）约束女子的贞节

贞节，就是要求妇女保持性的纯洁和专一。从先秦时代起，贞节观念和与
之相应的行为一直延续了两千多年，自始至终都伴随着中国古代社会。其中贞
节观念的流传和渗透给各个时代的女性造成了不同程度的束缚和影响。一般来
说，贞节观规定未婚女子要严格遵守童贞，已经结婚的女子除了唯一合法的丈
夫之外，终生不能再嫁，更不能和任何异性发生关系。

贞节观念在原始部落中，已经有所萌芽。例如部族时代流行的杀子的风气，
就是为了防止新娘婚前有孕，害怕长子的血统不纯正。先秦时代，对女子行为
的约束中就已经包含了贞节的观念，如《礼记》中就具体地提出了女子在夫家
的行为规范，还记载了丈夫休妻子的"七出"。稍后，就有了"男女授受不亲"
等说法。

首次提出贞节的人，人们认为是秦始皇。他在巡察天下的时候，四处在石
头上记了许多的功，其中在会稽的时候，就明确提到了"贞"。《史记·秦始皇
本纪》中记载："有子而嫁，倍死不贞。防隔内外，禁止淫佚，男女洁诚。"

当时有个民间的寡妇叫清，因为她能够保守贞节，秦始皇特地为她修了座
怀清台，这也是统治者公然表彰贞节的一个实例。

真正提出女性贞节观念是在汉代时。汉代的儒士们在整理、编撰《礼记》
的过程中，将"男女有别"提到了显要的位置。同时，汉代的儒士们还规定了
两性之间的种种隔离、防范的制度。东汉的才女班昭专门为女子写了《女诫》，
作为专门的女子教科书，更是明确地提出了"夫有再娶之义，妇无二适之文"，

倡导节烈，要求女子从一而终。更为让人注目的是，汉代首开表彰贞节的女性的先例。例如汉宣帝对颍川的"贞妇顺女"赐予布帛。刘向也首次将《列女传》编入正史之中，对贞女节妇进行颂扬。可见当时的统治阶层对贞节女性的重视。

（二）逆伦理而行——文君史话

汉代虽然有用朝廷奖励的方法宣传礼教，又有刘向和班昭那样的著名学者鼓吹守贞，但是在民间真正的从爱情出发，婚姻自主相敬如宾的人仍然大有存在，像卓文君和司马相如的结合，就是千秋佳话。

卓文君（前179—前117年）是今天的四川邛崃人，大商人卓王孙的女儿。她貌美秀丽，喜欢音乐，而且还擅长诗歌和音律，很有文学的天分，但是不幸的是，年轻的时候她的丈夫就去世了，自己一个人留在父亲家里。当时著名的词赋才子司马相如游到临邛，受到了县令王吉友好的接待，一天他们到卓王孙家去吃饭，吃饭的时候王吉请司马相如弹琴一曲。司马相如知道卓文君守寡在家，又懂音律，于是便弹了一首《凤求凰》，表示他对卓文君的爱慕之情。卓文君以前听说过司马相如，又被他的才情所倾倒，于是在当夜就与司马相如私奔。这在司马迁的《史记》中，就有详细的记载。卓文君与夫私奔到成都以后，由于司马相如家非常穷，后来又只好回到了临邛，开了一个酒店。文君当垆卖酒，并在有钱的父亲面前放下大家闺秀的架子，自力更生，做起了酒店掌勺的女老板。父亲看不过，在兄弟们的劝导下，卓王孙自然也觉得虽然相如家清贫，但他确实也是一个人才，而且他又是县令的客人，也没有必要自取其辱。于是分给文君一百名仆人、一百万钱财以及嫁人时的衣物。卓王孙给卓文君的一百名

工奴中，有不少是织棉的工奴，卓文君也和工奴们一起织布。蜀棉有名气也是从卓文君的时代开始，长期的织棉生活和文学的共同爱好，把这对患难夫妻更加紧密地联系在一起。卓文君和司马相如回到了成都，买了田产，再也不用过清贫的生活了。后来司马相如得到了汉武帝的赏识，做了汉武帝中郎将之后，有些喜新厌旧，想要聘茂人的女儿为妾，卓文君作《白头吟》：

古代生活习俗

皑如上上雪，皎若云间月。

闻君有两意，故来相决绝。

今日斗酒会，明旦沟水头。

蹀躞御沟上，沟水东西流。

凄凄复凄凄，嫁娶不须啼

愿得一心人，白头不相离。

竹竿何袅袅，鱼尾何。

男儿重意气，何用钱刀为！

卓文君当初勇敢地冲破封建的牢笼，追求自己的幸福，当司马相如有心思离弃她的时候，她也没有退让，作诗进行规劝，使司马相如感悟，打消纳妾的念头，两人重归于好。

后来传说司马相如很长时间没有回来，卓文君思念司马相如，用回文诗的形式写了"从一到万"的诗，非常感人。

一封书信，两地相传。

只说三四月，谁知五六年。

七弦琴，无人弹；

八行书信，无可传。

九连环，从中折断；

十里长亭，望眼欲穿。

百般想，千里念；

万般无奈把郎怨！

卓文君果敢而又有斗争性，敢于追求自己的爱情，可以说是那个时代女性的典范。她的故事也引起了后人无限的同情和称赞。她把诗作为传情的对象，把司马相如从歧路上拉了回来，可以说是千古绝唱。给封建统治者对于女性的枷锁以沉重的一击。

四、门第与宗教对婚姻的影响

（一）婚姻注重门第

在中国古代的男女的婚姻中，缔结婚姻的双方家族，必须门当户对。双方通婚的主要目的，是生育继承财产、爵位，巩固和提高家族的主要地位。魏晋南北朝时期，这种政治性婚姻达到了登峰造极的地步，它的表现形式就是门第几乎被视为通婚的先决条件。

王羲之"坦腹东床"的婚姻佳话一直流传至今。东晋的丞相王导、太尉郗鉴两家，都是显赫一时的名门大姓。一天，郗鉴派门生到王导家择求女婿，王导让这个门生到东厢房看看所有的子弟。门生汇报郗鉴说，说王家的弟子都很不错，但有些略显矜持，唯独有一人在东床上露着肚子在吃东西。郗鉴说：这个人正是我所中意的女婿。于是就将女儿嫁给了那个人，那个人就是王羲之，这个婚姻也成了门第婚姻的典型。

世家大族在政治、经济等方面拥有很大的特权，身居显贵。为了保持这种优越的地位，巩固新的同盟，他们实行严格的门第婚姻，把通婚的范围限制在名门大姓之内。在东晋南朝，王、谢两姓曾经世代通婚。王凝之娶了谢安的侄女，王珣娶谢万的女儿，王僧娶谢景仁的女儿，出身于太原王氏的王述的女儿嫁给了谢安为妻，王国宝娶谢安的女儿。此外，各个"侨姓"之间也互相通婚，例如袁湛自己娶了谢玄的女儿，侄子袁淑也娶了王诞的女儿，全都是门阀之间的通婚。

世家大族和寒门庶族两者身份高低不同，不相往来。世族还排斥寒门，对寒门不予友好地接待，进行肆意地侮辱。他们为了保持"士庶天隔"的界限，禁止与寒门庶族通婚。如果与庶族通婚，就会遭到本阶层人士的非难和谴责。南朝的齐朝的时候，出身于东海王氏的王源将女儿嫁给了富阳满璋之的儿子满鸾，御史中丞沈约上表进行弹劾，指出满氏的"族姓"是庶族的族姓，王满进行联姻，玷辱了名门，要求革去王源的官职，把他从士族中剔出来，禁锢终身，可以看出当时门第对人们生活的影响。有些世家大族虽然已经门道中衰，但仍然自傲清高，不与庶族进行通婚。出身于太原王氏的王元规，幼年父亲就去世了，家中非常贫困，兄弟

三人随同母亲寄居在舅父的家里。当地的富豪刘瑱，为了攀上名门的亲戚，准备了很多的钱进行陪嫁，想把女儿嫁给王元规。母亲想答应，王元规却哭着说：我们正是因为一直保持婚姻门第，才受到人们的敬重，怎么能够家贫就和庶族结婚呢？结果婚姻没有成功。又根据《魏书》的记载，崔巨伦的一个姐姐瞎了一只眼睛，名门望族的子弟都不肯娶，家里没有办法，就想把她下嫁给庶族，嫁给另一个姓。李家的姑母听说了这件事，悲痛地说："吾兄盛德，不幸早世，岂令此女屈事卑族！"于是就让儿子李翼娶了他。

　　魏晋以后，为了维护门第婚姻，保证各种同盟关系的延续，以世家大族为代表的中上层社会非常重视指腹婚。北魏著名士族崔浩的两个女儿分别嫁给了名门王氏和卢氏。两个女儿都怀了孕，崔浩便对她们说："汝等将来所生，皆我之自出，可指腹为亲。"后来王家生了王宝兴，他娶了姨母的女儿卢氏为妻。

（二）宗教对婚姻的影响

　　道教源于原始巫术，在东汉末年形成。道教的称呼开始于张道陵为大宗讲法时。在汉末的下层民众中曾用民间宗教的秘密形式发动农民起义，后来又结合地方的方术，向上层发展，把春秋时候的老子奉为太上老君，作为道教的祖先。并且把老子的《道德经》作为经典，讲究行善，修养长生不老之术。到晋代葛洪写了《抱扑子》116篇，形成了上层的道教理论，并且把道教从理论到实用化。他将道教概括为内外两个部分，内养精神、服气、炼气、丹砂、服药等，是道家的传统方术，外面主要涉及儒家的处世学问，也包括政治哲学的原理，以及为人处世的规范等等。他将神仙方术与儒家的纲常伦理相结合，认为

古代婚姻

道教徒要以儒家的忠孝、仁恕、信义、和顺为本，就是以德为本，否则即使苦苦修炼很多年也成不了仙。可以看出，当时的许多理论在现在看来也是很具有科学和哲学上的价值。

　　道教内丹方术中有导引、房中术等，房中术源于春秋战国时候的一种方术，又叫男女合气之术。也是养生术的一部分，是专讲结合自然男女交合，使人长寿的方法。它是属于医学范畴的，在汉代有所发展。到了晋代，既讲道家无为，修炼长生，逃避现实的乱世，也讲房中术以声乐之好而求隐。这是当时士大夫阶层的一种倾向，所以得到了当时著名的道学家和理论学家葛洪的重视。他认为如果不行房中术，即使吃了很多药，也不能长生。他在著作中也写了有关房中术的论作，如《玄女经》《彭祖经》《子都经》《天门子经》等。这些著作都与古医有关，谈到了男女如何有子，以及性禁忌等。最先讲性交节欲的理论，如"还精补脑"等等。道教房中术认为男女交合是自然现象，用道家的理论说是"道法自然"，阴阳和合是男女自然之情，如果男女不交，阴阳就会失调，就会生病。性交要讲究方法，方法对头又有所禁忌，阴阳相补可以长寿，有益于健康，同时葛洪还告诉人们，掌握好房中术还有两点：一是所亲之女不必太年轻漂亮；二是要与吃药相结合。这些经验都可能具有科学性，但是它的弊端也很多，常常以此流于荒淫，这是他所不愿意看到的。

　　值得重视的是，一般宗教如佛教、基督教都是禁欲的，反对结婚，但中国的道教不但不讲禁欲，还在修炼之中大讲房中术，鼓励男女交合，这是很特殊的。对于当时人们的思想、世俗心理和行为都产生了很大的影响。

五、武则天的婚姻与缠足

隋唐是我国多民族国家统一和繁荣的时代，经过魏晋南北朝几百年的分裂，社会又重新获得了统一和安定。人们的婚姻生活也由分裂时的多样化、复杂化走向统一。在这个时期，妇女仍然拥有一定的社会地位、改嫁颇为自由，社会婚姻道德标准也比较宽泛。在五代时期出现了对妇女人身的束缚，特别是缠足，从形体上摧残妇女，中国妇女缠足的悲剧从此拉开了。

（一）一代女皇——武则天

武则天是今山西文水人，在唐高祖武德七年（624 年）生于都城长安，就是今天的陕西西安。她的父亲武士彟是以经营木材为生的，家境还算不错。隋炀帝大业末年，李渊在河东和太原任职时，因为多次在武家留住，因而结识。李渊在太原起兵反隋以后，武家曾资助过钱粮衣物，所以唐朝建立以后，武士彟曾官至工部尚书、黄门侍郎、判六尚书事、扬州都督府长史、利州（治所在今四川广元）、荆州（治所在今湖北江陵）都督等职。

武则天从小性格强直，不学习女红，唯独喜欢读书，所以知书达礼，对于政事特别感兴趣。童年时代，曾随着父母遍游名山大川，阅历深厚，培养了她的眼界和才干。

贞观十一年（637 年）十一月，唐太宗听说年轻的武则天长得明媚娇艳、楚楚动人，便将她纳入宫中，封为五品才人，赐号"武媚"，故称武媚娘。武则天入宫之前向寡居的母亲杨氏告别时说："侍奉圣明天子，岂知非福，为何还要哭哭啼啼，作儿女之态呢？"

贞观十七年（643 年），太子李承乾被废，晋王李治被立。此后，在侍奉太宗的时候，武则天和李治相识并产生爱慕之心。唐太宗死后，武则天按照唐后宫的规矩，进入感业寺削发为尼。永徽元年（650 年）五月，唐高宗在太宗周年忌日入感业寺进香之时，又与武则天相遇，两人相认并互诉离别后的思念之情。这由无子而已失宠的王皇后看在眼里，便主动向高宗请求将武则天纳入宫中，企图以此打击她的情敌萧淑妃。唐高宗早有这个意向，马上同意。永徽二年（651年）五月，唐高宗的孝服已满，武则天便再度入宫。第二年五月，被拜为二品昭仪。

永徽五年（654年）初，武则天生一女婴，唐高宗视她如掌上明珠。后来武则天杀了自己的亲生女儿来诬蔑王皇后，打算让高宗废除王皇后的后位。不久，中书舍人李义府等人得知唐高宗欲废皇后而立武则天的消息后，勾结许敬宗、崔义玄、袁公瑜等大臣，向唐高宗接连投递了请求立武则天为后的表章。唐高宗看到有不少人支持，废立之意再次萌生。

十月十三日，唐高宗又在李等朝廷重臣的支持下，颁下诏书，以"阴谋下毒"的罪名，将王皇后和萧淑妃废为庶人，并加囚禁，她们的父母、兄弟等也被削爵免官，流放到岭南。7天以后，唐高宗再次下诏，将武则天立为皇后。与此同时，又将反对此事的宰相褚遂良贬为外州都督。

显庆四年（659年）四月，武则天又捏造罪名，将长孙无忌、于志宁、韩瑗、来济等人削职免官，贬出京师。至此，反对武则天的大臣都被贬或被杀，一个不剩。显庆五年（660年），高宗患上头风之疾，头晕目眩，不能处理国家大事，于是命武则天代理朝政。但武则天生性霸道，所以每当决议事情的时候，高宗总是受制于武则天，这让高宗非常不满。于是在麟德元年（664年）高宗与宰相上官仪商议，打算废掉武则天皇后之位。但上官仪的废后诏书还未草拟好，武则天即已得到消息。她直接来到高宗面前，追问此事，唐高宗不得已，便把责任推到上官仪身上。十二月，上官仪被逮捕入狱，不久，即被满门抄斩。

从此以后，唐高宗每次上朝，武则天必在帘后操纵，天下大权完全归武后掌握，甚至连生杀大事都由武后决定，天子高宗只能唯命是从，所以，朝廷内外都称为"二圣"。

上元元年（674年）秋八月，高宗称天皇，武后称天后，名为避先帝、先后之称，实欲自尊。十二月武后上表建议12件有利于生产和生活的事项，反响很好。弘道元年（683年）十二月，唐高宗病逝。临终遗诏：

太子李显于枢前即位，军国大事有不能裁决者，由武则天决定。4 天以后，李显即位，是为唐中宗，武则天被尊为皇太后。

天授元年（690 年），改唐为周，改元天授。武后称圣神皇帝，以睿宗为皇嗣，赐姓武氏，以皇太子为皇孙。立武氏七庙于神都，追尊周文王曰：始祖文皇帝。立武承嗣为魏王，武三思为梁王，其余武氏多人为王及长公主。神龙元年（705 年）正月，武则天身染重病，卧床不起，只有宠臣张易之和张昌宗侍侧。宰相张柬之与大臣敬晖、桓彦范、袁恕己等率羽林军五百余人，冲入宫中，杀张易之兄弟，武则天被迫传位给太子李显，上尊号为则天大圣皇帝。恢复唐国号、百官、旗帜、服色、文字等皆复旧制，恢复神都为东都。同年十一月卒于上阳宫，年 82。遗制去帝号，称则天大圣皇后。神龙二年（706 年）五月，与高宗合葬于乾陵。

在封建思想盛行的初唐社会，她的婚姻借助于北方少数民族的收继婚和唐代宫室的开放风气而存在。她为了登上皇后的宝座，使用了女人的惯用手段，而且还用了最残忍的手段（扼杀了自己的女儿，嫁祸于皇后），达到了夺取后位的目的。当了皇后之后又不择手段地为成为女皇而努力，完全参与了男权社会所不允许的各种政治斗争。当她到了女皇的位置，又像其他男性一样，自己享受，走向腐败，也是权力和纵欲的产物。但是有一点可以肯定的是，武则天善于治国，创立了科举考试的"殿试"制度，而且还知人善任。重用了狄仁杰、张柬之、姚崇等名臣。国家在武则天主政期间，政策稳定、兵略妥善，文化复兴，百姓富裕，所以有"贞观遗风"的美誉，为唐玄宗的开元之治打下了坚实的基础。

武则天的政治要求，在某种意义上来说，是母系氏族社会女权的返祖现象，更是长期压迫下的一次女性强烈的反抗。在特定的历史条件下，产生了唯一一次完全走向历史的女权政治，虽然很短暂，但是不得不值得我们去思考。

（二）束缚女子的行动——缠足

缠足是中国古代的一种陋习，即把女子的双脚用布帛缠裹起来，使其变成

古代婚姻

15

为又小又尖的"三寸金莲"。"三寸金莲"也一度成为中国古代女子审美的一个重要条件。据说，古代女人裹脚是因为南唐后主李煜喜欢观看女人在"金制的莲花"上跳舞，由于金制的莲花太小，舞女便将脚白绸裹起来致使脚弯曲立在上面，跳舞时就显得婀娜多姿，轻柔曼妙，本来是一种舞蹈装束，后来慢慢地从后宫向上流社会流传，再以后，民间女子纷纷仿效，逐渐成为一种普遍的社会习俗，成为一种病态的审美。

一般认为裹脚大约始于五代末或宋初。从地下发掘的文物和古文献知道，五代以前男女的鞋子是同一形制的，五代南唐后主李煜在位期间，一味沉湎于声色、诗词、歌舞之中，整日与后妃们饮酒取乐。宫中有一位叫窅娘的嫔妃，原是官宦人家女儿，后因家势破败，沦为金陵的歌妓。她生得苗条，善于歌舞，受李煜的宠爱。李煜下诏建了一个金莲台，高六尺，以珍宝进行装饰，网带缨络，台中设置各色瑞莲。令窅娘以帛缠足，屈上作新月状，着素袜舞于莲中，回旋有凌云之态。李煜看了，喜不自禁。此后，窅娘为了保持和提高这种舞蹈的绝技，以稳固受宠的地位，便常用白绫紧裹双足，久而久之，便把脚裹成了"新月型"，其舞姿也更为自然，美不胜收了。当时的人们竞相仿效，五代之后逐渐形成风气，风靡整个社会。

缠足通过外力改变脚的形状，严重影响了脚的正常发育，引起软组织挛缩，这个痛苦的过程是言语所不足以描述的。而一千多年以来中国千千万万的女性从小就要经受这样的痛楚，不情愿地忍受这种心理和身体上的摧残。

一般来说，小脚从正面看，像火伤之后，脱去陈皮烂肉的一个变色的肉疙瘩。只有一个翘起的趾头，依稀可辨上面的指甲，其他一概呈现出可憎的模糊轮廓。从侧面看，脚趾和脚跟已从中间折断，两部分紧挨在一起，在软肉的附和下，形成一条由两端站立的曲线，脚跟臃肿，脚掌消失，脚背凸起。脚的全长不及自然长度的一半，整只脚像一个不规则的三角形。最恐怖的是从正面看脚底。那是一幅完全改变了人足的原始形象的荒诞图案。除了变形的足跟之外，已没有一丁点平滑的脚板。四个脚趾长短不一地向外转折，

围绕在以大脚趾为轴心的脚心下面，脚趾的正面因此变成了脚心，完全扭曲地压在了脚板底下。

妇女缠足是封建礼教对妇女压迫的结果，是礼教发展的必然趋势。如果我们仅仅把窅娘的缠足看成是中国妇女"缠足"的起源，就太简单了。缠足有它自己潜移默化的过程。在古代，虽然还没有缠足的故事，但是由于父权制的建立已经开始对妇女进行种种的限制，这些限制已经不仅仅是人身自由的限制，而且出现了对人身体束缚的要求，人们在观念和舆论上要求妇女娴静、婉柔，并要求妇女在举止言谈中也要注意。《诗经》中第一首诗中就说："窈窕淑女，君子好逑"。优雅娴静的女子，才是君子的好配偶。对于禀性的要求是这样，对于举止的要求也是如此。"月出皎兮，佼人僚兮，舒窈纠兮"。妇女的幽静、温柔并不是女子的天性，而是被父权制下的礼教逼迫出来的。《孔雀东南飞》："足下蹑丝履，头上玳瑁光。……纤纤作细步，精妙世无双。"这些都说明妇人以舒缓为美。

妇女幼年被迫缠足的时候，备受苦楚，长大成人以后，双足像是钉上了脚镣，行走不便，所以，妇女更加依附于男子，更成为男子得心应手的玩物。缠足妇女在遭受男子的欺凌的时候，只能够逆来顺受，在遇到敌寇的时候，也只能束手就擒。也正像宫廷中蓄养宦官一样，这是一种极为残酷的违反人性的摧残和人身伤害，是文化史上和婚姻史上的糟粕和耻辱，对女性毒害极深。

六、理学盛行时代的婚姻

宋代是一个理学出现的时代，贞节观念在这个时候也得到了强化，宋儒理学的推崇和提倡使妇女受到严酷礼教的束缚。

（一）宋理学家的贞节观

理学也称道学、性理之学或者义理之学，兴起于北宋。主要代表人物有程颐和程颢。后人又把二程和张载、邵雍、周敦颐合称为"北宋五子"。南宋朱熹继承和发展了二程的学说，并且汲取其他人的内容，加以综合，开创了强大的体系，建立了理学中占据主流地位的学派。

理学为了给封建秩序提供充分的理论依据，继承古代儒学，融合了佛教和老子的学说，探讨了宇宙的本原、人类的本性和世界规律等哲学问题，并涉及道德、教育、伦理、婚姻等诸多领域。二程学说的核心是一套封建伦理道德学说，他们的学说基础是客观唯心主义。

周敦颐《太极图说》："乾道成男，坤道成女，二气交感，化生万物。"都是《易经》宇宙观对妇女的观念，并没有太多新的学说。从周敦颐到二程，便进入了宋儒的第三个时代，二程因为崇尚理学的缘故把古说看得太认真，对于贞节观念便严格起来。甚至提出了"饿死事小，失节事大"的观点。

妇女的"贞操"被提高到人格的高度，它直接来源与孟子的"舍生取义"思想。孟子曰："鱼，我所欲也，熊掌亦我所欲也；二者不可得兼，舍鱼而取熊掌者也。生亦我所欲也，义亦我所欲也；二者不可得兼，舍生而取义者也。"把妇女对丈夫的贞操提到义士政治上的节操，是孔子的仁学（杀身成仁、舍生取义）发展到宋代的一种退化。之所以说它是一种退化，是因为它离开了义士政治上的原则，而

降低为男女关系上单方面的牺牲，只要求妇人单方面的贞操，而不惜以生命为代价，把男性中心思想发展到高峰。

古代只能男子单方面提出和妻子离婚，妇女无端被抛弃，也没有权力提出离婚，本来已经非常的不合理，到了二程这里，又极力维护男子单方面休

妻的特权，更是非常的不合理，更不用说是平等。

《性理大全》中有这样一段话：

问："再娶皆不合理否？"

曰："大夫以上无再娶理。"凡人为夫妇时，岂有"一人先死，一人再娶，一人再嫁"之约？只约"终身夫妇"也。但自大夫以下，有不得已再娶者，盖缘奉公姑或主内事耳。如大夫以上，自有嫔妃可以供祀礼，所以不许再娶也。

按照这种说法，表面上似乎男女平等，实际上仍然是在多妻制下为男人说话，这样就在宗法制度下，掩盖了男子的纵欲而禁止女子在独处时候的合理求偶的要求。这种男尊女卑思想是不能令人信服的，所以事实上，"饿死事小，失节事大"的观点在宋代理学初兴起的时代没有得到多少人的响应。

从北宋到南宋，经过最负盛名的集理学之大成者的哲学家朱熹的宣传，特别注重对于妇女的贞节，把它说成是不可改变的真理，人人必须得遵守它，妇女改嫁更被看成是无耻的行为。

南宋以后对妇女的贞节观念比以前有所加强，礼教管束也相对更加严格，很多大家族的"规范""家训"中都有。如《郑氏规范》，对女子有禁止淫乱、禁止妒忌、禁止议论别人的要求，女子要以孝道对待姑婆，用礼相待，妯娌之间要与外界社会的关系相隔绝，而且特别从礼俗上讲究男女有别，男女之间授受不亲，对于妇女多是惩罚。这些要求使妇女处于男性的统治之下，不许妇女干涉外面的事情而受到家族的支配。对于妇女而言，是一种无法言语的精神压抑之痛。

（二）一代才女李清照的婚姻

宋代是一个昌盛的时代，不仅是经济，文化也是异常地繁荣，其中以词最为著名，在众多留下作品的词人中，有一位女词人特别引起了我们的注意，不仅是因为她的词美，还因为她"美满"的爱情婚姻，她的词美得深邃，她的经历更让人深思，她就是李清照。

李清照（1084—1155 年），号易安居士，山东济南人，父亲是礼部员外郎李格非的儿子，母亲是状元王拱宸的孙女，也算是出生在一个书香门第的家庭。李清照从小就很聪明，在这样的家庭环境下，受到了极好的教育，很有才华。

18 岁的时候，嫁给了太学生赵明诚。赵明诚是金石学家，也喜欢诗词，两人有共同爱好和学术修养，情投意合，感情非常的好。赵明诚的父亲赵挺之，曾经做过吏部侍郎，后来当了宰相，所以赵李两家都是望族，李清照和赵明诚两个人又都是博学的人，他们同心同德，探求文学，锲而不舍，很有成就。他们吟诗作词，共同收集整理金石书画。赵明诚有《金石录》三十卷，李清照也参与了《金石录》的编撰工作，最后还是归功于她的"笔削其间"，才得以成书和广泛流传。

李清照既有才华，又不受封建礼教的束缚。她在诗词里大胆描写了夫妻之间真挚的爱情。结婚不久，赵明诚出游，李清照于是在锦帕上写了《一剪梅》词送给他。

"红藕香残玉簟秋，轻解罗裳，独上兰舟。云中谁寄锦书来，雁字回时，月满西楼。花自飘零水自流，一种相思，两处闲愁。此情无计可消除，才下眉头，却上心头。"

之后又在重阳节那天写了《醉花阴》寄给了赵明诚，以解相思之情，得到丈夫的敬重和爱恋。赵明诚喜欢研究金石学，收藏很多，著作《金石录》到现在仍然受到学术界的重视。李清照和赵明诚有共同的爱好，这与他们有很高的文化的素质分不开的。在《金石录后序》中有记载。

他们婚姻的 25 年都过着丰富而有意义的生活。既有诗文和爱情的幸福，又有扎实的学术内容。然而好景不长，个人的生活永远要和国家的兴亡、盛衰一脉相承，随着金人的入侵，北宋的灭亡，他们的美好生活也被毁灭了。他们多年精心收集金石器物书画丧失殆尽。不久，赵明诚又在恐慌中患了疾病去世，李清照南渡之后，在颠沛流离中自己一个人度过余生。她晚年的词以《声声慢》《永遇乐》为代表，风格有所改变，词调也忧伤起来。

但是她的创作无论是私情还是写景，或写文学与政事，都能充分地表现出来，畅所欲言，丝毫没有封建社会女子的自卑感和羞涩感，在表现人的精神才力上要远远超过同时代以至前代的男女。她是一个德才都毫不逊色于男人的女子，是一个对爱情的忠贞炽热而得到丈夫的高度尊重，获得了幸福生活的女人。她的婚姻生活虽然因为战乱颠沛流离，时间不长，然而她是真正获得平等幸福生活的女人。可以看出，妇女自由成就的完成过程，才是其婚姻、社会地位完满结局的保障。

七、贞节牌坊背后的辛酸

明朝是中国历史上很特殊的一个朝代，国内进行了改革，封建伦理道德到达了顶峰，同时郑和的"七次下西洋"使中国与中亚、东非和欧洲都有了很多的交流。在儒家礼教强化的同时也出现了反对宋明理学的新的说法。因此在婚姻史上，奖励贞节，对妇女实行封建礼教压迫最盛行的时代。同时受多种因素的影响，明代也是社会淫乱之风盛行的一个时代。

（一）明朝丧失女性的约束——贞节牌坊

明朝建立之后，在千里废墟之上恢复了汉族统治的封建特权，首先采取了加强中央集权的政策。朱元璋分封给他的儿子土地造成一个有王位而没有实权的特殊阶层，以维护中央权威。政权巩固之后，又杀戮功臣来杜绝后患，废除了中书省和丞相制，设"六部"尚书，直接对皇帝负责。对外族采取剿抚兼施政策，对元朝参与势力进行征讨和招降并举，并且保全宗室禁止杀戮。

贞节的观念在秦朝的时候已经出现，在西汉的时候得到了进一步的强化与发展。到了明代，程朱理学已经占据了思想文化领域的统治地位，也进一步强化了社会的贞节观念，实行了一系列表彰节烈的制度。根据《明会典》记载，洪武元年（1368 年），明太祖诏令："民间寡妇，三十以前夫亡守志，五十以后不改节者，旌表门闾，除免本家差役。"寡妇守节不但自己能受到旌表，得到精神上的鼓励，还能使本家受到经济、人力上的实惠，连徭役都可以免除，形成了家庭乃至整个社会对于妇女的强大精神压力。不管寡妇个人受了多少的苦，也要去守节。在加强守节之后，明朝的统治者还开创了给节妇烈女竖立贞节牌坊的举动。牌坊是一种纪念碑性质的门洞式的建筑物，多建在庙宇、祠堂、园

古代婚姻

林、墓地和要道，以纪念名人，标榜他的功德。但是专门为寡妇建立牌坊的，前代没有出现过，所以明代出现的贞节牌坊，也算是封建礼教的一个昭示。其他的牌坊都可以当街横跨，以广阔的空间，宣德述功。但是寡妇的贞节牌坊就像它的主人一样，是孤独地立于街角旁边，仿佛在诉说着她们一生一世的血泪生活。为了这一块牌坊，妇女要付出很大的代价。30岁到50岁之间正是妇女的黄金时代，她们要熬过长长的二三十年，自己孤独地生活，有的还要去抚养孩子，等到立牌坊的时候，自己也老了，吃也吃不动，抱的只是一块冰冷的牌坊。

在贞节牌坊日渐增多的同时，人们对妇女节烈的要求又有了进一步的发展。不但丈夫死了之后要守节，而且订过婚的女子，没有出嫁的时候丈夫就死了还要守节。还有的女子受到别人的调戏、侮辱，也总要去寻死。贞节在当时几乎变成了迷信和教条，在妇女之间互相传诵。明代二百多年间，记载的节妇烈女就达到了2500余人，大约是以前的20倍，没有记载的更是不计其数。人们把贞节看得比妇女的生命还要重要，妇女的生命，只不过是第二生命，贞节却是第一生命。另一方面，寡妇改嫁也要受到社会的指责。

由于女子守节可以立牌坊，而且还可以免除本家的徭役，便有一些人无端干涉寡妇的改嫁，强迫她守节。更有一些人，为了贪图荣利，将寡妇的年龄虚报。针对这种情况，明宪宗于成化元年（1465年）奏准："如有扶同、妄将夫亡时年已三十以上，及寡居未及五十妇人，增减年甲举保者，被人首发或风宪官覆勘得出，就将原保各该官吏并委官里老人等，通行治罪。"因寡妇守节而造假作弊，可见礼教的虚伪性。所以民间有个"贞节牌坊"造好了，节妇和造牌坊的石匠私奔的故事，真的是对于封建礼教的讽刺，更是人性的不可压抑的直接体现。

（二） 明末江南才女文化的兴起

虽然中国古代社会是以男权为统领的社会，但是不可否认的是，女性在整个社会发展过程中，也有不可磨灭的作用。关于她们的记载，在明代也渐渐多了起来。

闺秀与名妓是两大对立的才女阵营。二者因出身背景、家庭地位有很多相似的地方。但是在明朝，闺秀文化开始逐渐融合，除了历史、文化的原因外，与一些兼具名妓风采与闺秀德行的才女的沟通有重要关系，黄媛介就是充当沟通两种文化桥梁的著名才女。

黄媛介，字皆令，浙江秀水人，杨世功的妻子。她的作品有《南华馆古文诗集》《越游草》《湖上草》《如阁漫草》《离隐词》等等，毛奇龄还记录其有《梅唱和诗钞》。这些作品大多流失，目前流传下的只有《湖上草》《黄皆令诗》以及零星的诗文。黄媛介出身于书香门第，是一个典型的闺秀才女，与她来往的有王端淑、王静淑、吴山、沈纫兰等当时社会上的才女。她们的作品还被编成了《名媛诗纬初编》，流传于后世。

在伦理要求严格的明代社会，竟然有这样的一些才女，她们能够结社，虽然只是小型的、相互之间的慰问，并且有自己的作品留下来。这是社会对于女性的另外一种态度。

八、封建社会末期婚姻的变化

清代是中国封建社会的最后一个王朝，在婚姻习俗上保持了某些原始形。

（一）孝庄文皇后下嫁案

孝庄文皇后原来是清太宗皇太极的皇后。皇太极死了以后她为了巩固清初的政权，保存儿子（顺治）的皇位，曾下嫁多尔衮。关于这件事情野史上记载很多，但是正史上却没有明确的记载。

满族的习俗和蒙古族一样，父亲死了之后儿子和他的后母、兄弟死了弟弟和他的嫂子在一起是很平常的事情。特别是在皇权继承的问题上，更是很重要。所有的事物都要一分为二来看待的，但是这样的一个风俗，在另外的一个方面却能成就妇女在政治事业方面的成就。

孝庄文皇后一生辅佐了三个皇帝，丈夫皇太极，儿子顺治，孙子康熙，对于清代初期政权的稳固有很大的影响。孝庄文皇后出生于蒙古贵族，从小就受到了良好的教育，有蒙古民族的豪爽，又因为精通经史，又有汉族人细腻和智慧。她的主要功绩在于教育、辅佐两代幼君，在重大政治、军事上的举措上，有超乎一般男子的魄力。

孝庄文皇后平时教子有方，要求顺治帝努力学习汉文化，团结满汉大臣，选举贤能，惩治贪官污吏，大力提倡节俭，赈济灾民。康熙帝 8 岁登基，尊孝庄文皇后为太皇太后。10 岁的时候生母去世，孝庄将他收养在慈宁宫，亲自抚育，全力辅佐。为了国家的长治久安，她常常彻夜不眠。"三藩之乱"爆发之后，孝庄太后时刻注意局势的发展，寻找应对的策略。为了赢得胜利，她多次散发宫中库银，犒赏前方的将士，大大鼓舞了士气。

孝庄文皇后一生深谋远虑，励精图治，在稳定清宫室内部矛盾和社会秩序、巩固国家政权的统一和抵御强敌上，都做出了杰出的贡献。她不仅是中国历史上一位杰出的女性，也是中国历史上一位卓越的政治家。孝庄文皇后自身有很大的才能，更加重要的是，在中国古代等级和制度森严的封建社会，她能够付诸于实践，成就了自己，成就了国家。

（二） 太平天国的妇女运动

在满清后期，太平天国农民起义是中国历史上一次规模较大、影响较深的革命运动。这次革命在婚姻家庭和妇女问题上都提过一些进步的主张。

太平天国农民起义历经十余年，在这次革命中，起义军所推行的政治、经济和文化纲领，比历史上任何一次农民起义都更进步、更彻底。男女平等是太平天国的纲领之一，在这个基础上，对婚姻家庭制度作了不少的改革，妇女运动有了相当的发展。

在金田起义之前，洪秀全就说："天下多男人，尽是兄弟之辈；天下女子，尽是姐妹之辈，何得存疆彼界之私，何可起尔吞并我之念。"在婚姻问题上，太平天国主张凡是人民婚姻不以钱财为标准，婚娶所用的钱粮，一切都由国库供应。还颁布了许多禁止纳妾、禁止买卖奴婢和取缔娼妓的命令，并且还贴告示宣布，一夫一妻是理所当然的。

在婚姻的问题上，太平天国主张取消过去的繁文缛节，代替以简单的宗教仪式。《天朝田亩制度》说："凡两司马办其二十五家婚娶、吉、喜等事，总是祭告天父上主皇上帝，一切旧时歪例尽除。"后来从太平天国文物中所发现的"合挥"，就是类似于我们今天的记事簿。上面记载了婚姻当事人的姓名、年龄、籍贯，由政府发给双方收藏，类似现在的结婚证书，从而使婚姻得到国家的保障，这在我国历史上还是很进步的。

在家庭生活中，太平天国也作出了不少值得称颂的改革。政府采取了很多措施，把妇女组织起来，使她们突破旧的家庭牢笼，直接投入到社会劳动之中去。建都天京（今南京市）之后，颁布了禁止缠足和提倡放足的命令，用政府的力量来废止这一长期摧残妇女的恶习。

　　经济上，《天朝田亩制度》规定："凡分田，照人口，不论男妇。"主张妇女和男子有同等的土地所有权。政治上，太平天国设有女官制度，朝内女官设正军师、副军师、又副军师各一名，六官正副丞相各两名；检点、指挥、将军等等人数更多。此外，还设有绣锦的指挥、将军、总制、监军等职位，组织妇女进行生产。洪秀全定都天京之后，女军建制为四十军，约十万人。就当时的情况而言，女军是战争中不可缺少的力量，根据当时的记载，女军在永安突围，进攻桂林，奔赴扬州，在守卫镇江等著名战役中，英勇善战，使敌人望而生畏。从文化上来看，太平天国曾经开了女科，通过让女子参加的科举考试制度来促进女子教育的发展。

　　显然，太平天国对待婚姻和妇女的政策是和西方的影响分不开的。在当时的社会背景之下，在婚姻方面这样大胆地改革，说明了旧式婚姻已经成为了人们感情生活的枷锁，必须予以去除。当然，太平天国的妇女运动和在婚姻制度上的改革有它阶级和时代的局限性，他们对于男女的关系上还保留着不少旧的意识。但是，它却在我国婚姻、家庭和妇女运动的历史上写下极为光辉的一页。这是对于旧的婚姻制度的一次暴风雨式的打击，是我国近代妇女解放运动的开始。

九、古代婚姻的礼俗变迁

在中国古代，婚姻是"合两姓之好"，从而完成"上以事宗庙，而下以继后世"的重要功能，男女的婚姻，完全是在"父母之命，媒妁之言"的操纵下实现的。当事的男女双方往往处于被动的境地，任由他人摆布。而古代女性在婚姻中的地位和权力就更加微乎其微，她们也就常常成为各种各样的婚姻悲剧中的主要的受害者。

女子结婚的年龄

唐人杜佑在《通典》中说："太古，男五十而室，女三十而嫁。"这种说法，于情于理于史实，都可以说是没有证据的，纯属主观臆断。《周礼·地官司徒》的说法较《通典》说法要低很多，它认为周代"令男三十而娶，女二十而嫁"。而战国时期的墨子则说："丈夫二十毋敢不处家，女子十五毋敢不事人。"这种说法，可以说是基本符合中国古代的历史事实。根据人们统计的历法定结婚年龄，可以得到如下数据：

"齐桓公令男二十而室，女十五而嫁；越王勾践令男二十而娶，女十五而嫁；汉惠帝令女十五以上至三十不嫁，五算；唐太宗令男二十以上、女十五以上必须嫁娶；宋仁宗令男十五而娶，女十三而嫁；明太祖令男十六而室，女十四而嫁；《大清通律》令男十六而娶，女十四而嫁。"

由此可见，历代法定的女子结婚年龄大约在 13—17 岁之间。考察历代社会，这个规定的婚龄与具体实际是基本相符的，如汉代的班昭，就在 14 岁结婚；晋代的节妇严宪、龙怜，都是在 13 岁出嫁；唐代长孙皇后，13 岁嫁给了李世民等等。历代文学作品中言及妇女婚龄，也透漏出同样的信息。如李白《长干行》中就说："十四为君妇，羞颜未尝开。"崔颢《王家少妇》也说"十五嫁王昌"。旧小说和戏剧中提到女子求婚时，常说"年方二八"，说明 16 岁是古代人们认为女子结婚的最佳年龄段，而一旦过了十七八岁还待字闺中，就已属于大龄了。白居易《续古诗》中写道："无媒不得选，年忽过三六。"18 岁还没有嫁出去，就已经十分着急了。

不过各地的风俗和各阶层的习惯也是有所不同的。如《燕京杂记》等书记载，清代北京就流行比法定婚龄更早的早婚现象，往往是"女子十三辄嫁"。而帝王之家，由于各种特殊原因，也流行早婚。汉昭帝上官皇后被立时，"年甫六岁"；汉平帝娶王莽之女，男女双方都是年仅9岁；南朝梁简文帝皇后8岁拜为王妃，等等。而唐宋元明清各朝皇室，也有不少皇后、妃嫔在10岁左右就出嫁为妇。皇室早婚的原因，主要是由于小皇帝的经常出现，为了配合其威仪礼节，而形成此种现象。

法定婚龄早的婚姻，对女性而言，便是所谓的"童养媳"。据研究，童养媳的现象至迟在宋代就已经出现了。当时，许多贫寒人家无力养活子女，便将其女儿早早就许配人家，送到夫家养大后再成婚，称为"养妇"。与此同时，夫家虽要养活女孩，却也为日后省却一笔聘礼，而且还可将其当婢女使唤，所以也愿意做此买卖。据史料记载，这种养妇的生活极为痛苦，"饮食每至不周，鞭棰在所恒有，饮恨吞声，宛转而死者比比然也"。

婚龄方面值得注意的，还有女方长于男方的现象。根据前述官方的规定，南方婚龄一般长于女方1—5岁。但是，由于一些缺少劳动力的人家希望媳妇及早进门劳动持家，所以明清时期流行女方年龄大于男方的婚姻习俗。明代小说《金瓶梅》第七回引用了一段当时的民间俗语说："妻大两，黄金日日长；妻大三，黄金积如山。"可见，当时人们将妻子大两三岁视为发家致富的门道。而一些农村地区更发展到极端，竟为未成年的幼童娶成年的女子为妻。清代时，南北方许多地区都曾盛行这种陋俗。由于年龄悬殊，生理不相称，感情不融洽，妻子往往痛苦万状、不堪忍受。一首流传后世的民谣诉说了这种感受：

十八岁的大姐周岁郎，

每天晚上抱上床。

睡到半夜要奶吃，

劈头脑，几巴掌，

"我是你妻子，不是你娘。"

井里开花不露头，

妻大郎小夜夜愁；

等到日后郎长大，

古代生活习俗

奴家已经白了头。

亲妈呦！

（二）结婚的礼仪

古代的婚礼，一般声势、场面较大，其目的在于广泛告谕人们，以示其合法。而不举行这种婚礼，男女结合就是非法，得不到人们的承认。

与此同时，举行婚礼还有一层意义，就是确定新娘在新郎家的资格和地位。只有举行过婚礼，新娘才算是新郎家的正式成员，她在家庭中的地位才正式明确下来。

古代的婚礼，主要有六项，也被称为"六礼"。六礼的内容在先秦时就已基本成型，秦汉以后逐渐成为定制。所谓"六礼"，主要有：

1. 纳彩。所谓纳彩，就是采择，意思是男子选择妻子。男方选定某女，便让媒人去试探女方。一旦女方家长同意，便收下男方送来的采择之礼。彩礼因时因人而异，但一般有羊、雁、钱、米等物，羊有祥之意，雁有从之意，都是为了取一个好口彩。纳彩时还有一定的礼仪，由主人、媒人参与。

2. 问名。纳采仪式结束后，便向主人问女儿之名。主要问女方的生辰八字，为了方便进行占卜。

3. 纳吉。古人结婚，都要郑重地占卜，以定吉祥之日。自宋代以后，占卜的形式逐渐被废除，而变成以男女的生辰八字算卦订婚。

4. 纳征。征就是"成"的意思，纳征以后婚姻就算成立了。用作纳征的礼物有玉石、金银、衣服、鸟兽、酒食等，并因人、因地、因时而定。纳征之后，一般要订立婚约，由媒人介绍，保人担保。有时，婚约还要报于官府，以强化婚约的严肃性。婚约一旦订立，男方便可"择日成亲"。

5. 请期。所谓请期，就是男方择定结婚日期，告于女方家。用请字，只是表示客气而已。当然，如果男方确定的日期对女方有所不便，一般也可以商量另定日期。

6.亲迎。亲迎就是新郎在约定的时间，亲自到女方家迎接新娘。《礼记·婚义》对"亲迎"做了介绍："子承父命以迎，主人筵几于庙，而拜迎于门外，婿执雁入，揖让升堂，再拜奠雁，盖亲受之于父母也。降出御妇车，而婿授绥，御轮三周先俟于门外。妇至，婿揖妇入。"

上述"六礼"是礼制上的规定，是历代上层社会中结婚所遵循的制度。不过，由于它过于烦琐，所以即使是在上层社会中，人们也不能毫厘不爽地实行，而往往是将其中的一些内容加以合并简化。至于下层社会，在礼制上虽也遵循此种制度，但简化的程度更加明显。从明清小说所反映的情况来看，当时人们的结婚礼仪，最为重视的是"订婚"和"亲迎"以及"拜堂"。其余内容，则合并起来由媒人帮助处理。

从古书的记载来看，在六礼之外，古代结婚礼仪还有同牢、妇见舅姑、庙见、反马等重要仪式。这里也略加介绍。

1.同牢。所谓牢，就是祭祀用的牺牲品；所谓同牢，就是新婚夫妇共用一份食品，以此象征夫妇结伴同体，牢不可分。

2.妇见姑舅。姑舅，是古代人们对公公、婆婆的称谓。新妇拜见姑舅之礼在亲迎的第二天举行。届时，新妇要将姑舅梳洗打扮一番；要以猪肉进食于姑舅，姑舅则以酒食招待新妇。俗话说："丑媳妇也要见公婆"，可见此事的重要和不可避免。唐代诗人朱庆余写有一首借新妇见姑舅描写考生见考官的心理的

诗，诗中说："洞房昨夜停红烛，待晓堂前拜舅姑。妆罢低声问夫婿，画眉深浅入时无？"

新妇见姑舅的惶恐心理，可见一斑。

3.庙见。就是新妇去祖庙祭拜祖先。庙见是结婚中的重要礼仪，以此告达祖先。庙见之后，新妇才正式取得家庭成员的资格。其时间一般在婚后三日。如果未举行庙见就死去，则新妇还要归葬于母家坟地。

4.反马。反者，返也。反马，就是返还新妇从娘家带来之马。古时，从亲迎到庙见，原为三个月。这期间为婆家对新妇的考验期，如不合格新妇可乘马返回娘

家；考验合格，则返还其马，以示新妇不复归。后来，庙见时间改在新婚后三日，反马时间也就随之改为婚后三天。

（三）父母之命，媒妁之言

在古代，按照礼法，女子的婚姻大事，自己是无权过问的，一概由父母和媒妁包办。这种情况早在先秦时期就已出现了。一旦哪位女子斗胆自己找对象，其结局将是十分悲惨的。如《墨子·公孟》中就说："譬若美女，处而不出，人争求之；行而自衒，人莫之取也。"至于为何婚姻大事一定要由父母媒妁包办，古人也有明确的说法，《白虎通·嫁娶》中介绍说："男不自专娶，女不自专嫁，必由父母，须媒妁何？远耻防淫佚也。"

对于子女的婚姻大事，依礼法父母都有发言权。但在封建的"夫为妻纲"规定下，此权力最终都集中到了父亲手中。如据《史记·高祖本纪》记载，刘邦在未发迹时，吕雉的父亲看好他，愿将女儿许配给他，但吕母极力反对，吕公却说：这不是女人懂得的事。终将女儿嫁给刘邦。倘若父母不在，则须由兄长或其他家长做主。另外，在婚姻中扮演重要角色的便是媒妁。所谓"媒妁"，就是谋和、斟酌二姓的意思。由于现实生活中，媒妁多由中年女性担任，故后世人们又称媒妁为"媒婆"。谚语中说"媒婆媒婆，两家说合"，简明扼要地说出了媒婆工作的中心内容。

（四）择偶标准的变化

所谓"父母之命，媒妁之言"，是历代社会中的正统观念和主流习俗。不过，在古代，女子在婚姻上并非毫无决定权。尤其在封建礼教束缚相对松弛的时代和地区，父母为女儿择偶时往往要征求并尊重其选择，或者完全听任女儿的决定。后代，礼教的影响和束缚日渐加剧，父母代女儿选择夫婿，同样有一个选择标准问题。总之，无论是女子自己选择，还是父母代为选择，择偶的标准总是明确的。由此形成了一个择偶标准的变化轨迹。

古代婚姻

从先秦的情况来看，人们对男性对象的选择，注意其丈夫气概和养家糊口的能力。如《左传》昭公元年记载了郑国贵族子南与子皙争娶一女，双方相持不下，最后由女子自"房观之"以选择夫婿的故事。最终的结果，白面小生子皙竟黯然失意，而展示武力的子南则受到青睐。这是因为，在那位长期以来接受"男女有别""夫妇有别"观念熏陶的女子看来，"子皙信美也。抑子南，夫也。"可见，在当时人看来，男人就该孔武有力，才称得上丈夫；而"绣花枕头"应属女性的专利，男人一旦染上此习，则不足称道了。又如孔子在为自己的女儿和侄女选择夫君时，也在这一观念支配下，充分权衡被选择者的生存能力。《论语·公治长》对此的记载也说明了这一点。

　　可见，在孔子看来，只要丈夫一世平安，即可保证女人平安一世；而女性的幸福与否，完全系于男性之身。此外，在先秦时期的上层社会中，以婚姻进行政治交易是一种普遍现象。在此过程中，女子便是礼品、贡物或人质。如春秋时期的秦晋之间，世代通婚，后人称为"秦晋之好"。然而，一个秦国女子怀嬴，便因为政治的需要，被她的父亲先后嫁给晋国两位公子。显然，政治的需要成为选择配偶的唯一标准，其余均不在考虑之列。

　　政治联姻的现象一直持续到后代。由于政治形势的变幻莫测，政治局面翻云覆雨，便有许多古代女子的青春和梦想被险恶的政治婚姻所葬送。

　　除政治婚姻外，以门第缔结婚姻是一种常见的婚姻形态。在此情形下，门当户对成为婚姻的基本条件。这种情况，在魏晋南北朝直至隋唐时期，由于门阀观念的盛行，表现得最为明显。不仅良民、贱民之间不通婚，高门士族和寒门庶族之间也绝少联姻。当此之时，男女的婚姻，家长往往只考虑对方的门第，其他几乎不予考虑。流风所及，高门女子，也就以下嫁寒门为耻。据说唐朝的一个姓吉的权贵，出身寒门，他依仗权势逼娶名门崔敬之女，崔女不从，竟躺

在床上不肯上车。最后，崔敬的小女儿抱着舍身救父的念头替姐姐嫁到吉家去。与此同时，由于高门士族的穷困潦倒，又出现了高门利用其门第换取寒门财货的"卖婚"现象。高门与卑姓联姻，卑姓要拿出大量聘礼补偿高门的"损失"。这种盛行一时的现象，在唐代被人们称为"赔门财"。

以财富论婚更是古代社会的普遍现象。在汉代，人们娶妻聘女都要花费大量的钱财货物，许多人家往往因为嫁送女儿，搞得倾家荡产，所以当时就流行有"盗不过五女门"的说法，可见这种现象的普遍程度。唐代这种现象同样十分普遍，唐末诗人元稹《代九九》一诗说："阿母怜金重，亲兄要马骑；把将娇小女，嫁与冶游儿。"进入宋代以后，由于门阀观念的淡漠，钱财货物便成为人们缔结婚姻首先要考虑的因素。宋代人司马光就曾尖锐指出："将娶妇，先问资妆之厚薄；将嫁女，先问聘才之多少。"到了明清时期，这种现象有过之而无不及。从史料的记载来看，明代有女儿的家庭，常常要变卖家产才能嫁走女儿。富家生女都苦不堪言，贫家更是不敢生养女儿。在这种情况下，许多地方便盛行溺杀女婴的恶俗。

与此同时，从女方的角度来看，历代女性对男方的面相、仪表、品行、才智、武艺等，始终比较重视，是其择偶中考虑的重要因素。尤其是唐宋以后，由于科举制的实行，中举的文士更成为女子和有女子的家庭追逐的对象。宋代，甚至出现了颇有戏剧效果的"榜下捉婿"的风气，就是每年皇榜一出，豪门富户便争相抢夺新科进士为婿。清代才子张问陶的妻子林佩环有诗云："修到人间才子妇，不辞清瘦似梅花。"真实地反映了当时女性对才子的崇拜和迷恋。也正因为如此，在古代便有了"才子佳人"的说法，而"才子佳人"的爱情模式也便成为人们艳羡的婚姻模式。

（五）离婚与改嫁

汉人刘向《列女传》中说："夫妇之道，有义则合，无义则去。"由此可见，在古代，夫妇之间因无义而离婚的现象，是被人们所认可的。尤其是唐代以前，离婚是比较常见的现象。然而，在男尊女卑的社会背景下，男女双方离婚的权力并不平等。在先秦就已出现了后来被写进法律条文的"七出"，它是保证男子"出妻""休妻"权力的重要证据。

古代婚姻

所谓"七出"，就是七种可以休掉妻子的原因。它包括：无子、淫佚、不事舅姑、口舌、盗窃、妒嫉、恶疾。妻子如果犯了七种中的任何一种，丈夫就可以休掉她。不过，"七出"还有附加条件，即"三不去"，包括：曾为公婆服丧、娶时贫贱后来富贵、有来处无归处。有上述三种情况之一，即使犯了"七出"，也不能休弃。如果说"七出"完全无视女方的权力，"三不去"则多少对妻子的权益有所保障。

从历史记载来看，先秦时期男子休妻是普遍现象，正如《韩非子·说林上》中卫国一位母亲所说的那样："为人妇而出，常也；其成居，幸也。"以先秦诸子为例，孔子祖孙三代都曾休妻，其他如曾子、孟子、尹文子等，都曾因为这样那样的小事而休其妻子。其后，历代都有休妻的事例。其中，为人们所熟知

的"弃妇"有汉乐府名篇《古诗为焦仲卿妻作》中的刘兰芝，南宋诗人陆游的前妻唐婉等。她们遭遗弃的原因令人同情，她们的故事更是催人泪下。

不过，在唐代以前离婚较为常见的背景下，也有不少女方或女方家庭主动离异的现象。据说，西周时的姜太公就曾被妻子遗弃。

与唐代以前离婚较为普遍的现象相适应，妇女再嫁也同样常见。正如学者所说："唐宋之前，妇女离异再嫁或夫死再嫁的事例多如牛毛、举不胜举。流风所及，后妃中也有不少再嫁妇女。如汉文帝之母薄太后、汉景帝王皇后、晋元帝郑后、宋真宗刘后等，都是再嫁之妇。至于公主们，更是依仗其特殊身份，顺利改嫁。众所周知，唐代的公主以改嫁而闻名于史，据说在记载较全的唐代前中期的98位公主中，就有27位再嫁，其中还有4位三嫁。

但是，宋代以后社会风气大变，丈夫休妻被视为丑行，人们轻易不敢休妻。同时，妇女再嫁也逐渐受到非议，被人们视为耻辱。到了明代，典制甚至明确规定，皇室之女不得改嫁。

古代生活习俗

百家姓氏

中华姓氏从上古延续至当代，五千年的中华文明史就是不同姓氏的宗族在中华大地上繁衍、交融的历史。中华姓氏是中华民族的血缘纽带、文化纽带和精神纽带，是传承文明、解读历史的独特视角和窗口。姓氏不仅是社会和历史发展的产物、人类文明的积淀、也是我们认识历史、传承文明的文化瑰宝。因此，普及姓氏知识是我们认知历史、传承文明的重要手段。

一、中华姓氏的起源

中华文化是世界上最古老的文化之一，世界四大文明古国中的其他三个——埃及、印度、巴比伦由于种种原因，其文化在历史演进中或中断或衰弱。而中华文明是世界上唯一一个延绵不绝的古老文化。《周易》中说："观乎天文，以察时变；观乎人文，以化成天下。""文化"一词最早可以从这句话里找到，这充分说明我们的祖先一向很重视文化。而中华姓氏作为中华文化的一部分也值得我们关注。

中华姓氏从上古延续至当代。五千年的中华文明史就是不同姓氏的宗族在中华大地上繁衍、交融的历史。中华姓氏是中华民族的血缘纽带、文化纽带和精神纽带，是传承文明、解读历史的独特视角和窗口。

中国姓氏经历了几千年的风雨沧桑，但它仍然具有世代相承的延续性和与时俱进的生命力。它仍然是现实生活中人人必备的重要标记。

凡此种种足以说明姓氏不仅是社会和历史发展的产物、人类文明的积淀，也是我们认知历史、传承文明的文化瑰宝。因此普及姓氏知识是我们认知历史、传承文明的重要内容。

（一）姓的由来

中华民族的姓氏史源远流长，其中的故事、情节令人叹为观止。而人类刚出现时，并没有姓氏和名字。

"姓氏"是"姓"与"氏"的合称，都有族号、宗号的意思。在先秦以前，二者是不同的概念。姓的出现早于氏。

先来看看姓。据考证，"姓"在甲骨文中写成"生"，在金文中写成"人"加"生"，后来才渐渐写作"姓"。正像《国语·周语》里说："姓者，生也。"也就是说，"姓"是表达人的出生来源的意思。

姓的来源主要有两种说法，第一种是由始祖赐姓，第二种是由图腾感生演化。

第一种是神话传说。在远古神话中，天地初开的时候，世界上只有伏羲和女娲兄妹两个人生活在昆仑山上，为了使人类繁衍，他们只能结为夫妻。但是他们觉得这样是不道德的，有点羞愧，就通过占卜来看天的意思。他们在两个山头各自烧起火堆，并对上天祈祷："如果上天同意让我们兄妹成婚，就让两股烟融合。如果反对我们结为夫妻，就让这烟消散。"说完，两股烟合为一体，冲上云霄。伏羲、女娲二人还是犹豫不决，不知该不该结婚。于是二人又约定，各自从山头滚下一扇磨盘，要是石磨相合，就结为夫妻。非常凑巧，从山上滚下来的两扇磨盘居然真的合在一起，天衣无缝。于是伏羲、女娲认为他们二人的结合是上天安排的，所以他们就结为夫妻，生下了后代。他们根据后代的情况赐给他们不同的姓，而且规定同一个姓的男女不能结为夫妻。

这样的传说很普遍，在瑶族、壮族、苗族、彝族、黎族、侗族、布依族等少数民族中都有类似的传说，比如在瑶族传说中伏羲、女娲也是兄妹，他们成婚后，女娲生下一个肉团，他们把肉团砍碎撒向大地，落到平地的成为汉族，落到森林山沟的就成为瑶山五族。

还有一个普遍流传的女娲造人传说。传说女娲炼五色石补天，后来觉得自己一个人太寂寞，就用黄泥造人，一吹仙气，人就活了。但一个一个地捏太费劲，于是她用草绳蘸着泥浆用力向四周甩出，这些泥浆也变成了人。溅到叶子上的姓叶，溅到花朵上的姓花，溅到河里的姓何……

后世人对这些传说很认同，把伏羲和女娲尊为创世始祖。伏羲、女娲都是神话传说中的人物，并不可信。但透过这些传说，可以看到历史事实中一些合理的部分。伏羲和女娲兄妹成婚，可以看到在原始社会一个部落内血亲乱婚的情况，并透露出中华姓氏的起源的一些信息。

姓的起源的第二种说法是图腾感生演化，这是指古代姓氏是由各个部族的图腾演化来的。原始社会的生产力和生产水平低下，视野狭隘，人类不了解大自然，就认为自然界任何事物都是有灵魂的。他们觉得自己的部落与某些自然现象、生物、非生物有着某种神秘的联系。所以某个物象就成了自己部落特定的标志和族徽，是自己部落的崇拜物，这就叫做图腾。而且在部落间逐渐扩大的生产和交往中，出于区分自己部落和别的部落的目的，形成了族名，最初的族名也往往与部落的图腾有关。后来，族名逐渐演化为该氏族的姓。

（二）氏的出现

氏是姓的分支，它的出现晚于姓，于父系社会时期出现。

随着以血缘关系为纽带的同一部落的繁衍生息，人口越来越多，对土地的要求越来越大，已经不能像早期小部落那样聚族而居了。所以不得不分出一些人口，给他们一些生产工具和生活资料，让他们自立门户，开垦新的土地和疆域。他们另有新的族号，形成一个新的族系单位，但是他们仍然与原有的氏族维持联系。这样的分支被称为氏。

姓表示氏族的起源、出处，氏表示后起的、小支的族号。为什么把分出去的支系称为"氏"呢？历史学家认为，甲骨文中"氏"与"示"同形，示的解释是"木本"，也就是植物的根，所以"示"指代人的根本来源。同时"示"指的是供奉在祖庙里的神主牌位。所以说"示"既象征神又象征祖先，一个"氏"的人供奉相同的神灵和祖先。一个氏的人又可以称为一宗，"宗"从字形上看，指的在一个屋檐下供奉同样的祖先的人。

可以看出，"氏"是从大的部落组织中分离出来的新的群体，它是姓的分支。远古社会的中国人既有姓，又有氏，姓表明他们的血缘关系，氏表明他身处哪个团体中。那时候家里孩子多，于是确立了嫡长子继承的制度。嫡长子是正妻生的第一个儿子，他具有合法的继承权，父亲死后，他继承父亲的大部分财产并留守在老宅里，仍然保留原来的姓。其他的儿子就被分到别的地方去另立门户，这些儿子成为新的氏族。这些氏族往往根据父辈祖辈的名字、官位和自己居住地等定下自己的氏名，也有根据创立这个氏的人的名字、封号、官位等确立自己氏名的。

随着人口的不断增多，新分出去的氏也就越来越多。一个氏人口繁衍，又分出许多新的氏。这些氏层层叠叠，一起存在于世上。由于古代的文字少，有些不同姓的氏族会有相同的氏名，但这些不同姓但同名的氏族是可以相互通婚的。

先秦时期，一个新氏的产生总是跟一定的土地数量、人口数量有关，只有占统治地位的家族、有战功或对社会有贡献的人才有机会得到土地，建立新的氏族。所以氏不仅是部落的称号，也是社会地位尊卑、贵贱的标志。所以有氏的人是社会上地位高的贵族，比如炎帝神农氏、黄帝轩辕氏、太昊伏羲氏、少昊金天氏等，称他们的氏号，是对他们的尊敬。

后来随着时代的发展，出现了一些专门的社会分工，比如冶铁、打鱼、制作工具、看守仓库、天文历法等。这些行业需要一定的专业知识，从事这些具有一定技术含量工作的人的技艺是世代相传的。人们用他们所从事的职业来称呼他们，比如把冶铁的称为冶氏；把做陶器的称为陶氏；把看林子的称为林氏；把做弓箭的称为张氏。这一现象表明氏这一称呼不再是地位、财富的象征。

总之，氏的产生是我国姓氏制度中的一个特殊现象。在最初氏和姓有完全不同的内涵。姓代表了人的血缘关系，用来辨别人们是否可以结婚；氏用来表示人们的社会地位，与人所占有的财产、政治权力等现实因素有关，用来区别贵贱。姓是不能改变的，是生来就具有的，氏却会随着现实的变化而变化。一个氏会分出新的氏，新的氏又会分出新的氏，氏族越来越多，所以先秦时期中国的疆域随着氏族的增加而不断地扩大、发展起来。

（三）姓氏合一

秦始皇统一全国，建立了大一统的封建王朝，确立了车同轨、书同文的制

百家姓氏

度，还统一了度量衡，实行了郡县制等。但秦朝存在的时间太短，还没来得及对中华姓氏作出贡献就被陈胜吴广的起义给推翻了。经过楚汉之争，刘邦称帝，建立了汉朝。

秦朝统一全国打破了贵族的分封格局。直到汉朝的建立，社会发生了翻天覆地的变化。这也改变了原来姓氏的格局，姓氏的状况也发生了巨大的变化。

最显著的变化就是姓氏合一，"姓氏"变成了一个词。

远古社会中国就产生了姓，但在奴隶社会中，只有贵族才有姓，奴隶是没有资格有姓的。后来氏出现了，但只有社会的上层人士才有氏。普通大众是没有氏的，比如《孟子》里提到的奕秋，就是一个叫秋的善于下棋的人，他没有自己的姓氏。"庖丁解牛"里的庖丁就是一个叫丁的厨师。

秦汉以来，表明社会地位、区分贵贱的分封制荡然无存，氏表明贵贱的功能也就消失了。"姓""氏"都成为表明血缘的标记，所以"姓氏"逐渐合为一个词。

姓氏合一是中国姓氏发展史上的重大演变。秦汉以来，姓氏不别，这样的结果使原来的氏融入姓中，扩大了姓的数量。还有姓氏不再是贵族的专利，社会对姓氏的看法宽泛起来，普通民众的姓氏得到官方的认可。

到西汉时，民众无论贵贱，基本上都已经有姓氏了。从此以后，姓氏不再有区分，不论是王孙贵族还是平民大众，人人都拥有姓氏。每个宗族都有世代相传的固定的姓氏，子孙持续使用，百代不变。这样形成了稳定的姓氏系统，有利于中国人追祖寻根的观念，也有利于以姓氏为中心的封建宗法统治秩序。

二、中华姓氏的类别、特色

（一）姓氏的类别

中国姓氏繁多，从古到今中国人有多少姓氏、现存多少姓氏，这些问题历代说法不一。明代学者顾炎武《日知录》记载上古时期大概有 50 个姓。汉代《急就篇》收 130 个姓，明末清初《古今万姓通谱》有万家姓之称，可见我国古代姓氏之多。

汉代人根据姓氏的来源把姓氏分为九大类：

1. 氏于号。这是以祖先的族号为姓氏，比如唐、虞、夏、殷。

2. 氏于爵。这是以赏赐的爵位为姓氏，比如王、公、侯、伯。

3. 氏于居。这是以居住的地方为姓氏，比如城、郭、园、池。

4. 氏于谥。这是以祖先的谥号为姓氏，比如文、武、庄、穆。

5. 氏于官。这是以担任的官衔为姓氏，比如司马、司空、司徒。

6. 氏于国。这是以分封的国名为姓氏，比如齐、鲁、宋、卫。

7. 氏于事。这是以特殊事件、典故为姓氏，比如车、窦、白马、青年。

8. 氏于序。这是以兄弟亲属的排列顺序，如伯、仲、叔、季。

9. 氏于职。这是以职务的称号为姓氏，比如三乌（大夫）、五鹿（大夫）。

以上分类还是过于简单，由于中国姓氏繁多，可以将这些姓氏分为以下这些类型：

1. 以祖先的图腾崇拜物为姓氏

上古时期，每个氏族都有自己崇拜的图腾，这些图腾有的转化为姓氏。比如夏朝的祖先吞下神珠薏苡生下大禹。所以夏人以薏苡为图腾，以"苡"的转化字"姒"为姓氏。周朝的祖先踩到了熊的足迹而生的后稷，所以周人以熊为图腾，以"姬"为姓。有的部落以鸟为图腾，所以会有鸟氏、凤氏等等。

2. 以国名为姓氏

以国为氏有四种情况。一是以受封的国名为氏。以唐这个姓氏为例，尧帝最初的封地是唐，周代又封他的子孙为唐侯，所以尧的子孙以唐为姓氏。又比

百家姓氏

41

如说商这个姓氏，是舜帝封契为司徒这个官职，给他的封地是商，所以契的子孙是以商为自己的姓氏。还有齐、鲁、卫、晋、管、蔡、霍、曹、陈、楚、郑、吴、韩、魏、许、吕等都是以国名为姓氏。

第二种情况是少数民族归顺中原后以原来的国名为姓氏。比如汉代滇国归顺汉朝后，即被称为滇氏。

第三种情况是外来国家的人到中国来定居，就以他们的国名为姓氏。汉代安息国王子来中国游历并定居下来，后被称为安氏。天竺人来华定居，他们被称为竺氏。

第四种情况是汉代以后有受封郡国的诸侯王，就以受封郡国爵位为氏。

3. 以封邑为姓氏

分封的诸侯国可以把自己土地的一部分封给诸侯国内的一些贵族和有功的人，这些人所分的土地叫做封邑。有的姓氏是这样得来的，比如温、苏、杨、甘、樊、祭、尹、贾、栾、郦、邴等。还有封于乡的，他们的后代就以乡的名称为姓氏，比如裴、陆、庞、阎等。

4. 以地为姓氏

所生之地为氏或以所居之地为氏。比如后稷生于姜水，所以他以姜为他的姓氏。虞舜住在姚墟，所以把姚作为他的姓氏。还有东郭、南郭、东门、西门这些姓氏要么是他们的出生地要么是他们住的地方。

有的还以自己所住地方的名山大川为姓氏。比如贺兰山附近的鲜卑人被称为贺兰氏；住在欧余山阳面的有一族称为欧阳氏；住在巴水附近的有一族称为巴氏。

5. 以祖先名字中的字为姓氏

上古时期人的姓名是这样组成的，先是姓，其次是字，后面是名。有的氏族的后人就用先人的名字中的字作为氏。

比如春秋时，周灵王有个儿子叫"王子年夫"。"王子"应该是表明其身份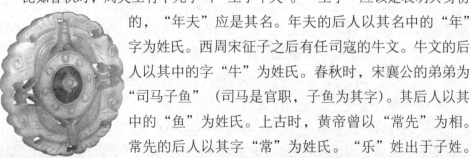的，"年夫"应是其名。年夫的后人以其名中的"年"字为姓氏。西周宋征子之后有任司寇的牛文。牛文的后人以其中的字"牛"为姓氏。春秋时，宋襄公的弟弟为"司马子鱼"（司马是官职，子鱼为其字）。其后人以其中的"鱼"为姓氏。上古时，黄帝曾以"常先"为相。常先的后人以其字"常"为姓氏。"乐"姓出于子姓。

宋戴公的儿子公子衍字乐父，其后人以祖上"乐父"中的"乐"字为姓氏。

6. 以官职为姓氏

以官职为姓氏的，多用官职的名称或职能来命名。比如很著名的三个姓氏"司徒、司马、司空"就是官职的名称，三者都是上古时代的官名。司徒，管理政事，相当于宰相。传说尧、舜时已设，一直延续到秦汉。有以此官职为姓的，便是复姓"司徒"。司马为军事长官。曾经做过司马的人的后代，有的就以此官为姓氏。司空，据说专管天下水利工程建设。帝尧时大禹的官职就是司空。大禹的子孙中就有人以此为姓氏。

尧时掌管刑狱的大理职务（司法官），称为"理氏"，后躲避灾难，才改为"李氏"。周代宫廷里管理储藏的冰官员称为"凌人"，后代称为凌氏。

7. 以爵号为姓氏

以爵号为姓氏的宗族多是王孙贵族的后代，比如皇、王、公、侯、公孙、公士、庶长这些姓氏都是用祖先所封的爵号为姓氏。

8. 以部落的名称为姓氏

东晋时，匈奴进入中原。后来，其汉化后裔以原部落名称再加以"汉化"的"呼延"为姓氏。三国时，鲜卑族首领莫护跋率族人迁居辽西，后在棘城以北（河北昌黎县境内）建国，莫护跋以"慕容"为自己部落命名。后慕容部落的人便以慕容为姓氏。鲜卑族呼天为"宇"，宇文为"天之子"之意。宇文氏为鲜卑部落。东晋时，宇文部落进据中原便以宇文为姓氏。尉迟部也是鲜卑族的一个部落，尉迟部的人后来以部落名为姓氏。

9. 以谥号为姓氏

"谥"为帝王、贵族、名臣等死后，依其生前事迹所给予的称号，均为褒扬之词，后代子孙以此为荣，会以先人的谥号为姓氏。春秋时有宋穆公，其后子孙中有以其谥号"穆"为姓氏。还有庄氏为庄王之后；康氏为康叔之后；武氏为宋武公之后；桓氏为齐桓公之后等等。

10. 以序为姓氏

一是以祖先的排行顺序为姓氏。古代兄弟之间按年龄大小排有伯、仲、叔、季来表示各人的长幼。老大为伯（又称孟）、老二为仲、老三为叔、老四为季。他们的后人沿袭下来，形成了伯、孟、叔、季等姓氏。

二是以表示先后次序的词为序。比如"第一、第二、第三"这些姓氏。战国时期齐国田氏的分支较多，汉朝初年他们迁徙的时候，为了便于区分这些分支，便称为第一氏、第二氏……直到第八氏。

三是以表示时间先后顺序的词为序。比如十天干：甲、乙、丙、丁、戊、己、庚、辛、壬、癸及十二地支：子、丑、寅、卯、辰、巳、午、未、申、酉、戌、亥，这些原是专有名词，后变为姓氏。

11. 以技艺为姓氏

古代很多技艺世代相传，在世代沿袭中，这些技艺逐渐演化为姓氏。比如制陶的成为陶氏；屠宰业的成为屠氏；占卜的巫师成为巫氏。还有工氏、农氏、药氏等。

12. 以事为姓氏

以事为姓氏一般是为了纪念某些事情。比如以窦姓为例，夏代有一个皇帝少康的母亲为了躲避追杀，怀着身孕从墙洞里逃出来，后来生了少康。少康做了皇帝以后就让自己的小儿子改为窦姓，"窦"就是洞的意思。还有汉武帝时，丞相田千秋因为年老体弱，每次入朝都要坐车，当时人称他为"车丞相"，他的后代也就把车作为自己的姓氏。

13. 以物为姓氏

古代有些人用物品当作自己的姓氏，比如古代符洪家，本来姓符，但因为他家池塘里生了菖蒲，别人称他们为蒲家，所以他家后人就以"蒲"为姓。

14. 以任所为姓氏

这是以封邑为姓氏的一种衍生，担任某地的官员把地名作为姓氏。比如兰氏、权氏、沈氏、鄢氏、匡氏都是祖先当过兰县、权县、沈县、鄢县、匡县的县官而得姓。

15. 因避祸、避仇、避讳、避嫌所改的姓氏

改姓多是为了避祸、避仇、避讳、避嫌。比如桂姓出于炅氏。汉代炅横有四个儿子。家中有难，四子逃避，其中一子避居到幽州，改姓为桂。还有春秋

时，陈厉公子陈完避祸外逃，不愿意以国名为氏，改姓为田。明代燕王朱棣以讨黄子澄等为名起兵，推翻建文帝。黄子澄的后人因避祸而改姓田。

16. 帝王赐姓氏

西汉以后，历代皇帝都会给功臣名将或归顺的少数民族首领赐姓。这是一种政治荣誉，表示被赐者所受到的恩宠。比如刘邦建立汉朝，刘姓成为中

国的大姓。汉高祖因项伯有昔日相助之功，便赐项伯姓为刘。汉武帝时，匈奴休盾王之子归顺汉朝，汉武帝赐其姓金，取名金日。明代太监马三宝有功，被永乐帝赐姓为郑，马三宝因此改姓换名为"郑和"。

　　还有一种惩罚性的赐姓，就是把犯有罪的臣下改为"恶"姓。比如东晋时司马宗造反，被平定后，朝廷将他的姓氏改为马。唐朝武则天当政以后，将她痛恨的王皇后和萧淑妃，一个改姓"蟒"，一个改姓"枭"。

（二）姓氏特色

　　中国姓氏经历数万年的演化和发展，有一些很有意思的姓氏，分门别类，让人回味无穷。

　　1.代表数字的姓氏有：

　　一、二、三、四、五、六、七、八、九、十、壹、贰、叁、肆、伍、陆、柒、捌、玖、拾、零、百、千、万等。

　　2.表示时令、气象的姓氏有：

　　春、夏、秋、冬、阴、阳、日、月、年、岁、季、时、分、秒、风、云、雷、电、雪、冰等。

　　3.表示方向、方位的姓氏有：

　　东、南、西、北、上、下、左、右、前、后、高、低、东方、西门、北宫、南郭等。

　　4.表示各个朝代的姓氏有：

　　夏、商、周、秦、汉、魏、蜀、吴、晋、梁、齐、陈、隋、唐、宋、元、明、金、清等。

　　5.表示中国各地地名简称的姓氏有：

　　京、津、沪、冀、鲁、豫、苏、皖、晋、桂、湘、鄂、闽、川、浙、甘、宁、陕、吉、辽、黑、台等。

　　6.表示民族称谓的姓氏有：

　　汉、满、蒙、回、藏、苗、彝、侗、瑶、白、黎、土、羌、怒、壮等。

　　7.表示各行业的姓氏有：

　　工、农、商、学、兵、艺、师、陶、铁、医、干、战、药、屠等。

8. 表示天干地支的姓氏有：

甲、乙、丙、丁、戊、己、庚、辛、壬、癸、子、丑、寅、卯、辰、巳、午、未、申、酉、戌、亥。

9. 表示五行、五常的姓氏有：

金、木、水、火、土、仁、义、礼、智、信等。

10. 表示颜色的姓氏有：

赤、橙、黄、绿、青、蓝、紫、黑、白、灰、乌、丹、朱等。

11. 表示五音、五金的姓氏有：

宫、商、角、徵、羽、金、银、铜、铁、铝等。

12. 表示六畜、四兽的姓氏有：

牛、马、猪、羊、狗、鸡、龙、凤、鹤、麟等。

13. 表示五岳、江河的姓氏有：

泰、华、恒、衡、嵩、江、河、湖、海等。

14. 表示五谷、百果的姓氏有：

麻、黍、稷、麦、豆、桃、李、杏、梨、果等。

15. 表示"岁寒三友"及花草四君子的姓氏有：

松、竹、梅、兰、菊等。

16. 表示人伦、亲属的姓氏有：

祖、宗、父、子、公、孙、叔、伯、老、娘、姑、姐等。

17. 表示人体部位的姓氏有：

头、骨、耳、目、口、舌、齿、胆、足、皮、毛等。

18. 表示动物称谓的姓氏有：

熊、狼、虎、蛇、虫、鱼、鸡、鸭、鹅、牛、马、驴、猫、鹿等。

19. 表示以官职为姓的有：

王、公、侯、伯、尉、司马、司徒、督、尹、卿、相等。

20. 表示因罪受贬或地位卑微的姓氏有：

杀、死、丑、打、骂、不、蟒等。

由于中国姓氏繁杂，各有特色，异彩纷呈，除了上述姓氏外，还有一些姓氏非常生僻，难读难写，甚至字典上都很难找到。

三、中华姓氏的郡望和堂号

（一）名门望族

随着姓氏的逐步发展，拥有某些姓氏的宗族成为了名门望族。

名门望族是什么意思呢？这里的"门"指家族，门阀。"望"指有声望、有名望。名门望族旧指有声望的官僚等显贵的家族。他们是高贵的、地位显要的家庭或有特权的家族。元代《鸳鸯被》第一折："他是名门望族，现有百万家财。"清代李绿园《歧路灯》第一百零三回："即如家嫂，是名门望族，他本族本家进士一大堆，他偏是异样的难讲。"这些文学作品都提到了名门望族。

名门望族的形成起源于门阀制度。门阀制度是封建等级制中的一种特殊形式。形成于东汉，魏晋南北朝时盛行。

中国古代官宦人家的大门外有两根柱子，左边的称"阀"，右边的叫"阅"，用来张贴功状。后人就把世代为官的人家称为阀阅、门阀世族、士族。汉武帝以后，崇尚儒学，官僚多以经术起家。他们授徒讲学，门生故吏遍天下，形成一种社会力量，其子孙承家学，继续为官。久而久之，到东汉中叶出现了世代为官的大姓豪族。

汉末建安时期，出身寒门的曹操为了改变东汉后期地方豪门把持推荐官员的权力格局，真正从民间选拔优秀人才，创立了"九品中正制"，在各个郡县设立大小中正官，由他们发现和考核人才，并把人才分为九品上报给朝廷。

这个制度的建立本来是为了不拘一格选拔人才，但是魏晋南北朝时，豪门氏族逐渐取得了对朝廷的控制权，中正之职都由他们担当。这样九品中正制就成为了高门大族获取特权的工具。

朝廷专门汇集了各地的士族名录，作为选官任职时的资料。当时士家大族被称为"大姓""高门""著姓""右姓""士族"等，士族子弟凭借自己姓

百家姓氏

氏的高贵就可以做到高官，而不是"大姓"的人往往会被排斥在任职升迁之外。

选官专看姓氏重家世，造成"上品无寒门，下品无士族"的状况，士族垄断了政府的重要官职。按门第、品位的高低，分享政治上、经济上种种特权，在这种制度下，家世成为衡量身份的最高标准。只有那些祖上有人做过大官，而且代代相继为大官的宗族，才被归为士族。

士族自认为具有与众不同的身份与地位，甚至不愿与身份不相称的人同坐交谈。当时有若干起自布衣的寒门，或是并非显赫高门的新士族，纵使凭其卓越才能而获得皇帝赏识，参与机要，或位高权重，但仍要去刻意巴结逢迎世家大族。然而世家大族则因门阀观念的谨严，往往拒之于千里之外。

其次，世家大族认为自己拥有高贵的门第，于是为了保持其世袭特权，尽量避免血缘的混杂，因而在婚姻制度上严守门当户对的原则，绝不轻易与寒族庶姓或门第不相称者谈论婚嫁。为保持在社会上的特殊地位和优越的门第望族身份，婚姻讲究门当户对。如有违犯，则要剔出士流，禁锢终身。

由于世家大族多认为门当户对的联姻方式是天经地义的，也是必须共同遵守的准则，所以即使有意高攀门第，或是自动降格愿与门第较低的士族联姻，也都为世俗观念所不容。东晋时，官拜征西大将军、权倾一时的桓温向王坦之请求让王的女儿嫁给桓温的儿子，竟然遭到了王的婉言谢绝，原因是王的门第高于桓温，而桓温对此只能无可奈何。

门第高的士族不屑与比他们低的士族和庶族交往，盛气凌人，孤芳自赏，成为社会风气。

（二）姓氏的郡望

魏晋时代的门阀制度，促使中国姓氏学产生了一个专门名词——郡望。

郡望是中国姓氏文化中特有的范畴。无论是研究中国的姓氏文化，还是寻根问祖，都离不开每个姓氏的郡望。

"郡"是中国古代的一种行政建制、行政区划。郡的设置开始于先秦，盛于汉魏六朝时期，

古代生活习俗

唐朝以后逐渐被废除，宋代以后就彻底不见郡的设置。秦始皇统一天下后实行郡县制，将全国分为36个郡，西汉继承秦制，又将全国分为103个郡。

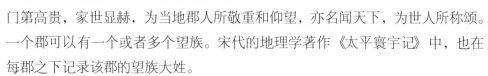

"望"就是"望族"，指有声望的姓氏大族，为世人所仰望的姓氏。

所谓"郡望"，有两层含义。首先，郡望是一郡的望族。这些宗族世代聚族而居，人才辈出，门第高贵，家世显赫，为当地郡人所敬重和仰望，亦名闻天下，为世人所称颂。一个郡可以有一个或者多个望族。宋代的地理学著作《太平寰宇记》中，也在每郡之下记录该郡的望族大姓。

后来，郡望又有了另一层的含义，就是指一个家族的根源和发源地。一个姓氏或家族的郡望，就是指这个姓氏或家族所发源的某个郡。因此，当郡作为行政区划已经消失的时候，郡望却能一直留在人们的记忆之中，成为各姓各族寻根的依据。

郡望有两个功能，一是社会的功能，即通过郡望来标明出身，为人们通婚姻、入仕途提供参考；另一个是宗族的功能，即为人们寻祖问根、联宗认亲提供参考。

郡望之称，始于东汉末年，盛于魏晋隋唐时。各姓的郡望，其形成都有一个较长的过程。一般来说，在郡望的兴起阶段，也就是汉魏时期，一个姓氏大都只有很少几个郡望。魏晋南北朝时期，许多姓氏的郡望都有所增加。隋唐时期的郡望有一个显著的特点，那就是在许多新的郡望兴起的同时，一些魏晋六朝时期的旧郡望渐渐被人抛弃不用。宋朝时期，各姓的郡望都迅速减少，其实是各个姓氏都在由许多分散的郡望逐渐统一到某一个著名的郡望上来。因此，宋代以后，中国绝大部分的姓氏都只剩下一个统一的郡望。此后近千年来，中国各姓的郡望情况就基本都没有变化了。

人们提起历史上的一些显姓大族，往往在其姓氏前面冠以地名，如京兆段氏、博陵崔氏、颍川陈氏、太原王氏、陇西李氏、琅琊王氏等，姓氏前面的地名就是此姓的郡望所在地。郡望不是姓氏，但却与中国古代姓氏文化有着密切的联系。

郡望是显姓世族的标志，它将同一姓氏中的豪门与寒门、世族与庶族区分开来。

我们在论及姓、氏的功能时曾指出，在先秦时代，姓、氏二者有明确的区别，姓用以标血缘，而氏则用以辨贵贱，贵有氏而贱无氏。但随着秦始皇一统天下，变封建制为郡县制，原来的世袭贵族烟消云散，氏也就不再是贵族的标志了，而与姓一样成了单纯的家族血缘标志。

秦始皇变封建制为郡县制，虽摧毁了传统的封建等级制，但这并不意味着在秦代以后就不再存在等级制度了，而只是意味着旧的等级制度被新的等级制度所代替。于是，新的表示社会等级的符号手段也就应运而生，"郡望"就是在新的历史条件下产生的以标志社会地位、区分贵贱的手段。

秦汉之后，虽然已没有如先秦时代那样的世袭贵族，但在漫长的历史发展过程中，有些家族由于世代居住于某地，人才辈出，或由于战功，而被加官封爵，荫及后世，从而积累了巨大的经济财富和文化威望，于是成为一地的豪门大族。这种家族由于在当地为人所仰慕瞩望，故称为"郡望"。如南北朝时期至隋唐时期，范阳卢氏、清河崔氏、荥阳郑氏、太原王氏，就是当时北方的四大望族。在姓氏面前标以家族居住地，也就是用郡名来表示自己是这个地的望族，"郡望"因此就成了用以区别贵贱的手段。

郡望既然是贵贱显著之标志，因此也就成了国家选拔人才任用官吏的依据。魏晋时代的"九品中正制"就是一种依赖郡望选拔人才的制度，因此，从魏晋直到隋唐，名门望族对自己在国家谱籍中的地位都十分在意，想方设法在其中占据显要位置。北魏时官方为汉姓定谱籍，欲列四个望族于一等，当时"陇西李氏"得到这一消息后，派人快马赶到京城洛阳，想打通关节进入一等四姓，但还是让山东大姓卢、崔、李、郑占了先，从而未能挤进前四姓。或许是由于对此事一直耿耿于怀，"陇西李氏"的后代李渊创建唐朝后，唐太宗李世民重修氏族志，打压卢、崔等传统士族，而将自家的"陇西李氏"列为第一。唐太宗李世民虽大开科举以打击旧的望族，但传统望族在政治上的势力仍不可低估，从《新唐书》"宰相世系表"可以发现，唐代宰相多出自望族。

郡望还是名门世族论婚联姻的依据，一般人婚姻讲究门当户对，名门世族的婚姻更是非望族不娶，非望族不嫁。如东晋时的琅琊王氏与陈留谢氏就世代通婚。梁代河南王侯景想娶王、谢

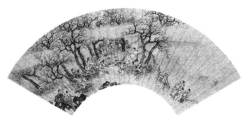

二姓的女子为妻，请梁武帝代为说和，梁武帝说："王、谢的门第太高，与你不般配，你还是在朱、张以下的诸姓中找一个称意的吧。"可见当时名门望族的壁垒之森严。

唐代人标榜郡望，更多的是炫耀，表明自己的血统高贵，曾经是地方上的高门大族。上流社会的人几乎人人都给自己加一个郡望，有些人的郡望完全是生拉硬扯把历史上本姓氏的高门加在自己头上。比如姓卢必称范阳卢氏，姓王不是太原王氏就是琅琊王氏。

古代著名的十大郡望是：

1. 陇西李氏

陇西李氏，是李姓中最显要的一支。古时陇西亦称陇右，泛指陇山以西今甘肃省东部地区。秦汉时期设置陇西郡，是李姓的郡望之一。秦代陇西郡最早的郡守是李崇，后人尊他为陇西李氏的始祖。李氏成为陇西郡的名门望族是由于李崇祖孙三代人汉朝时，陇西李氏出了两位重要人物：飞将军李广及其从弟李蔡。李广孙李陵战败被俘降于匈奴，使陇西李氏在郡中名望下降。魏晋时期，陇西李氏在乱世中兴起，西凉王李暠是李氏第一位皇帝。到了隋朝，陇西李氏已经是权倾朝野的望族了。陇西李氏李渊灭隋，建立唐朝，奉李姓为国姓。在唐朝，陇西李氏的声望超过了赵郡李氏。唐太宗修《氏族志》，将李置于诸士族姓氏之首，更将有功之臣赐姓李，从此陇西李氏由一个血缘系统的宗族演变成为一个"多元一体"的庞大世族。后世李氏多自称陇西李氏，有些也是附会。

2. 赵郡李氏

赵郡李氏是李姓第二大分支，仅次于陇西李氏，在唐朝以前声望高于陇西李氏。赵郡是李姓的郡望之一。赵郡在今河北赵县，后魏时置郡。此支李氏，其始祖为秦太傅李玑的次子李牧。李玑是陇西李氏始祖李崇的四弟。李牧是战国时有名的武将，为赵国丞相，封武安君，始居赵郡，为赵郡李氏的始祖。赵郡李氏在北齐官位显赫，支派繁多，在唐朝有 17 人出任宰相，是仅次于陇西李

氏的大族。

3. 弘农杨氏

汉时之弘农郡治所位于今河南灵宝境内。秦汉初期，杨姓子孙分布以弘农最为集中，影响也最大，至今犹有"天下杨氏出弘农"之说。弘农杨氏人才辈出，其中最著名的莫过于以"四知"而著称的"关西孔子杨伯起"。据《后汉书》所载，杨震，字伯起，弘农华阴人。出生于汉光武帝建武三十年（54年），为当时之大儒，少时好学，"明经博览，无不穷究"，时人称之为"关西孔子杨伯起"。

他曾隐居于湖州数十年，50岁才开始为官，后多次升迁，官至太尉。后来杨震因为官清廉，不接受馈赠，所以子孙过得很清贫，经常要以步代车，而且无肉可食。以前的朋友中有想为他们置些产业的，但杨震却不答应，说："让我的后代被人称为'清白吏'的子孙，把这个传给他们，不是很好吗？"杨震的子孙们受其言传身教，皆博学而清廉。

杨震的十四世孙杨坚建立了强盛一时的隋朝，更是把杨氏地位推到了巅峰。北宋杨家将也是杨震的后裔，精忠报国，抗辽卫国，一门五侯，名垂青史，可谓弘农杨氏的余晖。

4. 太原王氏

太原王氏始祖太子晋，乃周灵王太子，名晋，字子乔，本姓姬。太子晋的儿子宗敬看到周室衰微，天下大乱，便避居太原。时人仍呼之为王家，遂以王为姓，成为太原王氏始祖，而尊太子晋为王姓始祖。宗敬的后裔，人才辈出，成为太原之著姓。其后子孙繁衍，遍布各地。太原成为王氏二十一郡望之首，且为王氏之总号。

十八世孙王翦公及其子王贲、其孙王离，祖孙三代都是秦朝名将。翦公为大将军，贲公封典武侯，离公称武陵侯。秦兼并六国、一统天下之时，翦公北征燕国，东平楚地，南下百越，攻无不克，战功显赫。始皇论功行赏，翦公与大将蒙恬共执牛耳，王姓与蒙姓同居天下之先。始皇驾崩，二世胡亥继位，矫诏赐公子扶苏死，又夺蒙恬兵权，遂令王氏离公为大将军。二世胡作非为，横征暴敛，民不聊生，陈胜、吴广揭竿而起，刘邦、项羽起兵响应。离公率军与项羽战于巨鹿，离公兵败自殉。其长子元为避战乱，迁往山东琅琊，是为"琅琊王氏"。

5. 琅琊王氏

琅琊（今山东临沂）王氏为秦代名将王离之后。琅琊王氏是王姓显贵的代表，自三国到唐代七百年间，琅琊王氏世代鼎贵，天下第一，与陈郡谢氏并称"王谢"。琅琊王氏为东晋政权的稳固居功至伟，被称为"第一望族"。相传司马睿一度欲与之平分天下，朝中官员一度四分之三以上是王家的或者与王家相关的人，所谓"王与马，共天下""不以王为皇后，必以王为宰相"。

琅琊王氏在汉唐间担任宰相者共有一百零四人次，除那些因任相两朝而重复者外，实际有宰相共 92 人，这是古今中外所仅有的。因此"公侯世及，宰辅相因"，也就成为其家族特色。所以，南朝人沈约评价琅琊王氏说："从有氏族以来，没有一个氏族有王氏这么兴盛。"

历史上郭、何、桓、张、袁、杨等姓也有鼎贵一时的家族，但与琅琊王氏相比，都远远不及。琅琊王氏在历史上的地位和作用不仅在南朝以前没有任何家族能比，即使在隋唐以后，也找不出第二个家族。著名的大书法家王羲之就出身于琅琊王氏。有盛必有衰，南梁侯景之乱时，琅琊王氏与陈郡谢氏一起因拒绝联姻而被侯景族灭，从此消失。

6. 陈郡谢氏

陈郡谢氏为中国古代东晋和南北朝时期的士族，出自陈郡阳夏（今河南太康县）。继琅琊王氏、高平郗氏、颖川庾氏及谯郡桓氏之后成为东晋的最后一个"当轴士族"。由宋至梁，一直为士族领袖，与琅琊王氏并称"王谢"。

陈郡谢氏起初只是一个普通士族，直到谢万出任官职，掌握了豫州之后，方才开始崛起，到谢安任相时期达到顶峰。

陈郡谢氏的主要功绩为淝水之战中以少胜多，保住了东晋。淝水之战后，谢氏子弟大多隐退，但仍旧保持了最高门第的地位不坠。自东晋至梁朝谢氏共有十二代一百余人见于史传，其门第之高，连皇帝有时也不得不借助于他们的影响力。

百家姓氏

谢氏拥有大量资产，子弟也大多才华出众，被视为士族领袖前后两百余年。侯景之乱时，陈郡谢氏与琅琊王氏一起因拒绝联姻而被侯景族灭，从此消失。南北朝显赫一时的王谢两家没落后，唐代诗人刘禹锡曾在游金陵时发出感慨："旧时王谢堂前燕，飞入寻常百姓家。"可见当时王谢两家的郡望之高。

7. 清河崔氏

崔姓起源于西周时期的齐国，齐国是西周初周武王分封的重要诸侯国之一，建都临淄（今山东淄博东北），开国君主吕尚。吕尚本姓姜，因其先祖被封于吕（今河南南阳西），从其封姓。吕尚的儿子丁公伋，是齐国的第二代国君，他的嫡子叫季子，本该继承君位，但却让位给弟弟叔乙（即乙公得），而自己则住到食采地崔邑（今山东章丘县西北），后以邑为氏，就是崔氏。

季子的后代一直是齐国的卿大夫，从汉代到宋代，官宦不绝。魏晋至唐初，按士族门第排姓氏，或称"崔、卢、王、谢"，或称"崔、卢、李、郑"，均把崔氏列为一等大姓。清河崔氏，一度与范阳卢氏、荥阳郑氏、太原王氏并称为四大族。南北朝时期的崔氏名人大都出自清河崔氏。而且崔姓曾任宰相者多达27人，地位显赫一时。

8. 荥阳郑氏

荥阳郑氏源自古郑国。春秋末郑国灭亡，公室子孙迁他地，但均将国名冠于名字之前。此方式称为"以国为氏"，形成郑氏之姓。后世郑氏族人在荥阳大发展成为望族。东汉末年，以郑当时一脉的郑浑、郑泰等人为开始，逐渐发展为高门望族。南北朝时荥阳郑氏中高官累世不断，荥阳郑与清河崔氏、范阳卢氏、太原王氏并称为中国四大望族。唐以后荥阳郑氏连续出了9位宰相，其他尚书、侍郎、节度使等更多，声望达到鼎盛。其先贤或勤政于朝堂，或教化于州郡、或建功于边陲，都为社会经济文化作出贡献。后因科举制的实行，影响逐渐衰落，但仍为天下郑氏中最为显赫的一支。

9. 范阳卢氏

卢氏历史上自称来自范阳。范阳卢氏在秦始皇时，有大名鼎鼎的五经博士卢熬、天文博士卢生。继之西汉初期有燕王卢绾，东汉末被尊称"士之楷模，国之桢韩"之海内儒宗之大儒卢植均出自范阳。及魏、晋、南北朝至隋，卢植之裔卢志、卢谌、卢偃、卢邈、卢玄等，都是官宦世家，书香门第。从卢玄起至其曾孙，一家百口，共财同居，为官著名而被史传记载者就有 18 人。帝族之子要找卢氏成亲，史称"范阳卢氏，一门三公主。"帝族也要纳范阳卢氏之女为贵妃。

到唐代卢氏尤为突出，不仅有状元、进士还有帝师，大出人才，有"初唐四杰"的卢照邻、"大历十才子"的卢纶等。自汉末至唐代六百多年中，正史中有记载的卢氏历史名人达 840 多人。范阳卢氏，贤良辈出，勋业灿烂。乾隆皇帝因此写下"自古幽燕无双地，天下范阳第一州"的诗句。

10. 太原温氏

温氏之先出自姬姓。西周唐叔名虞，周成王之弟。周公灭唐（今山西翼城西），把唐地封给他。其子燮继位，因南有晋水，改国号晋。之后晋公族受封于河内之温（今河南温县），因此为温氏。后来温氏迁到太原，后裔遂以太原为郡号。

太原温氏家族的历代名人最为著名的是初唐温氏三杰：温大雅、温彦博、温大有兄弟三人。温氏三杰俱为卿相之才。高祖李渊镇太原，对他们特别优厚，李世民更是跟他们有很深的交情。温氏三兄弟辅佐李氏父子，西征南伐，立下了汗马功勋，为初唐开国名臣。温氏三杰的后人等多为唐朝的公侯守吏，其中温庭筠为唐末著名的"花间派"文学大师。

太原祁县温氏望族，人才辈出，数世昌盛，从汉代到宋代，代代有名吏贤士或才华横溢的诗画巨匠。温氏家族是皇家最宠幸、百姓百官争相攀附的门第之一。连唐文宗都感叹："李氏君临天下二百年，但想和皇家联姻的人竟然比想和王、温等望族联姻的人还少。"由此可见，温氏的社会地位丝毫不逊色于皇族李氏。

（二）姓氏的堂号

宋代堂号开始兴起。宋代一些有势力、有经济的家族开始编撰家谱、族谱来抬高自己家族的声望。由于这个时候距离汉魏已经近千年，即使追到门阀时代祖先的郡望，由于支系繁多，也不足以表明本宗族今天的地位。于是有必要在郡望之后，再加一个表明是哪个支系的称号，这就是堂号。

堂号的本意就是祠堂的名号。所谓一族就是在一个宗庙里祭祀同一个始祖的一族人，宗庙后世称为祠堂，因此堂号也是这一族人的名号和标志。中国人是世界上最早有祖先崇拜传统的一个民族。在每个家族中，往往都有一个场所来供奉已去世的祖先的神主牌位，所以，旧时的每个家族都会有本家族的祠堂，并给它取一个堂号，目的是让子孙们每提起自家的堂号，就会知道本族的来源，记起祖先的功德。

一个家族给自己取一个堂号。既有说明本支系家族具体状况的涵义，也有标榜本家族的荣耀和地位的涵义。历来每个姓氏、每个宗族、每个家族，都有自己的堂号。堂号的历史悠久、应用广泛，在中国宗法社会中有非常重大的意义和作用。

从功能上说，堂号的意义主要在于区别姓氏、区分宗派、劝善惩恶、教育族人。如果说，郡望是高一级别的宗族寻根标志，那么堂号就是比郡望低一级的宗族标志。郡望往往可以作为堂号，但堂号却大都不能用作郡望。一个姓的堂号要比郡望多得多，一姓的郡望只有数个多至数十个，但堂号往往有数百甚至上千个之多。郡望在宋代以后就开始走向统一和固定，但堂号却随着宗族的发展，一直在不断地增加。

堂号是宗法社会的产物，在传统宗法社会中，它对于敦宗睦族，弘扬孝道，启迪后人，催人向上，维护家庭、宗族和整个社会的稳定，都具有十分重大的作用。

依据各姓氏堂号的来历、特色，堂号可分为几大类型：

1.以血缘关系命名堂号

如著名的"六桂堂"，是闽粤一带洪、江、汪、龚、翁、方六个姓氏共同的一个堂号。据文献记载，这六个南方家族，虽然姓氏不同，但却是出自同一个祖先。他们共用一个堂号说明六姓同源。

2. 以地域命名堂号

以地域命名的堂号最为普遍，也就是以郡望或自己家族长期生活的地名作为堂号。如前述之陇西李、太原王、琅琊王等皆是其例。此外，如陈氏的"颍川堂"、徐氏的"东海堂"、欧阳氏的"渤海堂"，以及呼延氏的"太原堂"、林氏的"西河堂"等，都是以地名为堂号。这实际是郡望的延伸。

3. 以先世的嘉言懿行为堂号

中国人向有慎终追远的美德，往往以先世祖宗的嘉言懿行深感自豪，往往以此命名堂号，千古流芳。如弘农杨氏"四知堂""清白堂"即是以东汉太尉杨震的美德作为堂号。据文献记载，杨震为东莱太守时，道经昌邑，县令王密深夜求见，以黄金十斤贿赂杨震。杨震严词拒绝说："作为故人知交，我对您是了解的，而您怎么对我的人品不了解呢？"王密说："我深夜而来，没人会知道这件事的。"杨震回答说："此事天知、神知、我知、子知，怎能说是无人知晓？"王密只好羞愧而退。杨氏后代子孙为尊崇和怀念这位拒腐蚀，不受贿的先祖杨震，便以"四知堂""清白堂"为堂号。

而范氏"麦舟堂"，则是来自北宋名臣范仲淹济危扶困的典故。有一次范仲淹让儿子纯仁到姑苏运麦，在路上遇见石曼卿无资葬亲，纯仁就把麦船赠送给石曼卿。纯仁回家后告知其父，深得范仲淹嘉许。故后世以此为典，以"麦舟堂"为堂号。

4. 以祖上的功业勋绩为堂号

各个姓氏在不同历史时期，都涌现出一批功勋卓著、名垂青史的历史人物，后人往往以此作为堂号。如东汉名将马援因功绩封"伏波将军"，马氏后人中有一支便以"伏波堂"为堂号。楚大夫屈原曾任三闾大夫，屈氏遂以"三闾堂"为堂号。郭子仪，因平安史之乱，被封为"汾阳王"，他的子孙就以"汾阳堂"为堂号。

5. 以传统伦理规范为堂号

某个家族特别推崇某一传统的伦理道德规范，家族的长辈就用这一伦理观念的精华作为堂号，以劝诫训勉后代子孙。

百家姓氏

比如唐代张公艺九世同堂，唐高宗祭祀泰山，经过张公艺的家，询问他何以能九世安然相处。张公艺在纸上连写一百个"忍"字，后来张氏家族就成为"百忍堂"。还有像李氏"敦伦堂"、朱氏"格言堂"、任氏"五知堂"、刘氏"重德堂"、郑氏"务本堂"、周氏"忠信堂"、蔡氏"克慎堂"、许氏"居廉堂"等，都体现了传统的伦理道德观念。在各氏自立堂号中，十分普遍。

6. 以祖上情操雅量、高风亮节为堂号

如宋代著名理学家周敦颐，品格高雅，酷爱莲花出淤泥而不染的清高品格，以所居之处为"爱莲堂"。其后人遂以此为堂号。晋代陶渊明因不肯为五斗米折腰，遂辞官归里，赋"归去来辞"以明其志。因陶渊明号五柳先生，其后人以"五柳堂"为堂号。再如唐代大诗人李白，自号"青莲居士"，李氏族人中遂以"青莲堂"为堂号。

7. 以祥瑞吉兆为堂号

古代人对祥符瑞兆十分重视，常认为是上天预示吉祥的征兆，往往以之为本族堂号。如宋代王祐曾手植三槐于庭院，言其子孙必有位居三公者（古代百官朝会，三公对槐树而立，故以三槐象征三公），其子王旦果然位列宰相，当政十余年，深为朝廷器重。其后人便以"三槐堂"为堂号，成为名人辈出的名门望族，与太原王氏、琅琊王氏并列为王氏三大支派。

8. 以先世名人的厅堂别墅为堂号

为表示对同姓先世名人的仰慕之情，各姓中以其厅堂、居处为堂号。唐代大诗人白居易，晚年隐居洛阳香山，号香山居士，其后人便以"香山堂"为堂号。

再如唐代宰相裴度，以宦官当权，时事已不可为，乃自请罢相，在洛阳午格创建别墅，起浩凉亭暑馆，植花木万株，绿荫如盖，名为"绿野堂"。裴氏一支遂有"绿野堂"之堂号。

9. 以家族中科举功名为堂号

在封建社会，一些名门望族人才辈出，科第连绵，为世人称美，遂以之为堂号。如唐代泉州人林披，有子九人，俱官居刺史（俗称州牧），门庭显赫，世人敬仰，这支林氏遂以"九牧堂"为其堂号。再如宋人临湘人徐伟事迹至孝，隐居教授于龙潭山中，有子8人，后皆知名，时称"徐氏八龙"，后人即以"八龙堂"为其堂号。

10.以垂诫训勉后人的格言礼教为堂号

此类堂号在各姓氏自立堂号中较为普遍。如"承志堂""务本堂""孝思堂""孝义堂""世耕堂""笃信堂""敦伦堂""克勤堂"等。

11.以良好祝愿为家族堂号

此类堂号也较为常见。如"安乐堂""安庆堂""绍先堂""垂裕堂""启后堂"等。

12.以封爵、谥号或旌表褒奖为堂号

此类堂号为历代朝廷或地方政府封赏、恩赐、旌表而来。如"忠武堂""忠敏堂""节孝堂""孝义堂"等。

"堂号"是家族门户的代称，是家族文化重要的组成部分。它产生的宗旨大致有三：一是彰扬祖先的功业道德，二是显示家族宗亲的特点，三是训诫子弟继承发扬先祖之余烈。堂号包括郡王总堂号和自立堂号。由于历史文化习俗的影响，人们在谈到和自己同姓氏的历史名人时，往往流露出一种尊崇、自豪之情。

四、中华百家姓

（一） 《百家姓》其书

　　《百家姓》是我国流行最长、流传最广的一种蒙学教材。它的成书和普及要早于《三字经》。据南宋学者王明清考证，该书前几个姓氏的排列是有讲究的：赵是指赵宋，既然是国君的姓理应为首；其次是钱姓，钱是五代十国中吴越国王的姓氏；孙为当时国王钱俶的正妃之姓；李为南唐国王李氏。

　　《百家姓》在宋朝初期由一位钱塘（现今浙江省杭州市）不知名的儒家学者所编。它的排序没有严格按照姓氏人口数量来排列，采用四言体例，句句押韵，虽然它的内容没有文理，但读来顺口，易学好记，与《三字经》、《千字文》相配合，成为我国流行最长、流传最广的一种教材。

　　《百家姓》的第一句是"赵钱孙李"，宋朝的皇氏姓"赵"，五代十国时期吴越国的国王姓"钱"，"孙"是宋朝皇族妻妾的姓氏，"李"是南唐的统治者——李后主的姓氏。这就是《百家姓》的开场白——"赵钱孙李"次序的由来。

　　清朝后期又出现了另外一本有关百家姓的书——《增广百家姓》，书中记录了444个单姓，60个复姓。

　　现存的清朝版本的《百家姓》既有文字又有图画，每页上方除了记录历史名人的名字和其所属家族外，旁边还有他的图像；每页下半部是由四个字或姓氏组成的短句，读起来很像古时的四句诗词。

　　《百家姓》的成书和普及要早于《三字经》。作者将常见的姓氏编成四字一句的韵文，很像一首四言诗，虽然它的内容没有文理，但读来顺口，易学好记。它与《三字经》《千字文》相配合，成为我国古代蒙学中的固定教材，因此流传至今，影响极深。熟悉它，于古于今皆有裨益。

（二）百家姓典故列举

1.赵

《百家姓》为什么要拿"赵"姓来开头？据说，这是由于《百家姓》是在宋朝所编，而宋朝的皇帝姓赵，当时正是赵家的天下，为了表示对皇帝的尊敬，顺理成章地就拿"赵"来作为众姓之首了。

根据《姓纂》记载，最初以赵为姓的人，是颛顼帝的子孙造父，他以善于驾驭，于周穆王的时候，得到了赵城这个地方为封地，就以封地的名称作为自己家族之姓，而世代相传下来。当时的赵城，现在的位置大致是在山西省赵城县西南。后来，这个家族曾繁衍到天水（今甘肃省）、南阳（今河南）、金城（今甘肃）、下邳（今江苏）、颍川（今河南）一带。

这个家族从一开始便十分显赫，在春秋时代，自从赵衰辅佐晋文公定霸，赵氏子孙就世代为晋国的大夫，权倾朝野。到了春秋末期，也就是周威烈王的时候，赵家的权势更大，进一步与同为大夫的韩家和魏家瓜分了晋国，而分别自立为一个诸侯，这就是历史上所谓的"三家分晋"。后来，赵国的国势越来越强，成为战国七雄之一，其都城设在晋阳。由此可见，现在所有姓赵的人，最早都是山西人，后来才逐渐移居他处。

在历史上，姓赵的人名人辈出。早期最负盛名的，是战国时代的平原君赵胜。再如，在汉朝建立了屯田制度的营平侯赵充国；唐代被大文豪韩愈聘为士子师的"天水先生"赵德；到了宋代，黄袍加身的赵匡胤，那是更不必说了；还有以半部《论语》治天下的宋朝名相赵普；以及元代鼎鼎大名的大书画家赵孟𫖯等，都是足以使赵氏子孙引以自傲的伟大历史人物。

2.钱姓

"钱"姓原来真的跟钱有关系。《通志氏族略》上面记载，周代的钱府上士，是一种官名，专管朝廷的钱币，结果颛顼帝的一位叫做孚的后代当了这个官后，就干脆拿官名当做自己的姓。这就是钱姓的由来，也说明了姓钱的人之所以姓钱，的确是跟金钱有一段渊源。

根据《通志》的这段记载，后人还可以发现这样一段渊源：原来，姓钱的老祖宗孚，是彭祖的直系孙子，钱、彭原是一家人，所以有些地方，这两姓是不准联婚的。姓钱的人，最早都聚居在下邳一带，下邳即现在江苏徐州的附近，而徐州古称彭城，两地非常接近，更为钱、彭两姓间的密切关系提供了有力的说明。不过，后来姓钱的人都逐渐南迁，所以时至今日，江南的吴兴、武进一带，也有许多姓钱的人。

历史上，姓钱的人虽然在政治方面未曾扮演过轰轰烈烈的角色，然而，他们之中却文人才子辈出，跟他们姓氏的字义截然不同。

最早出现在史书上的，是钱丹和钱产两个人，他们都是战国时代人，钱丹是著名的隐士，钱产则是秦国的御史大夫。

到了唐朝天宝年间，江苏吴兴的钱家，出了一名大才子钱起，曾被誉为"大历十才子"之一。钱起博学多才，他的诗做得尤其好，一句"曲终人不见，江山数峰青"赴举时被主考官认为有如神助，多年来更是脍炙人口。

在政坛上，姓钱的人虽然未曾扮演过主要的角色，但在五代的时候，出过一位十分显赫的人物，那就是当时吴越的开国之主钱镠。他是浙江杭州人，国都就设在杭州。钱镠是一位传奇人物，江南民间有许多关于他的传说：说他自小与群儿游戏，就懂得把大家编起队来操练；长大后不务正业，贩盐为盗，却为相士惊为"真贵人也"。他的成功，果然不凡，不但在兵荒马乱的当世，能成为一方之主，而他的后代，也四世为唐朝的节度使，威震一方，真可以说是相当显赫。

3. 孙

孙姓在历史上伟人名士辈出。这个著名的姓氏，根据《姓纂》的记载，其最早的祖先是周文王。周文王的第八个儿子康叔，就被封于卫。传到卫武公的时候，武公的儿子惠孙做了卫国的上卿，惠孙的这一支，就拿孙字当作了他们的姓氏。当时的卫国，就是现在山西太原

 古代生活习俗

一带。《姓纂》的这一段考据，已被后世所认同——孙姓的祖先可以远溯到3000多年前的周文王。

不过，到了汉唐之际，却又有人提出了许多不同的说法。对于孙氏姓源的考据，众说纷纭，现在孙姓之人想要追溯血缘上的正确出处，也就较为费事了。

在历史上不计其数的孙姓名人中，孙阳可能要算是最早在史书上出现的一位。孙阳这个名称，大家也许比较陌生，但是如果提起"伯乐"，大家一定熟悉万分了。孙阳是春秋秦穆公时的人，伯乐是他的字，以善于相马闻名，后世也就以"伯乐"两个字来表示一个人的知人之明。

其次，便是鼎鼎大名、被全世界军事学家奉为军学泰斗的孙武了，他所著的《兵法十三篇》，一直到今天，都被奉为军事上的最高法则。孙武的后代，也出了一位以兵法见长的著名人物——孙膑。

历代孙姓名人的事迹，却没有一位是可以比得上孙中山先生的，他对国家民族的贡献，每一个中国人都将铭记。大家都公认他的丰功伟绩，这在中国过去的历史中，无人能及。孙姓人的杰出与卓越，真是在他的身上登峰造极了。

4. 李

根据《姓纂》的记载，李姓是颛顼帝高阳氏的直系后裔。颛顼生了大业，大业生了女华。女华的儿子咎繇当了尧帝的理官。理官是一种相当于现代法官的官职，专掌狱讼推断之事。当时，社会上盛行着以官为姓的风气，于是，咎繇也不能免俗地以"理"为姓。

这个姓氏传到了殷代暴君纣王的时候，他们的家长理徵因事得罪于纣，立刻使整个家族大难临头。理徵有一个儿子叫做利贞的，就逃到伊侯之墟避难，废墟中无以为食，最后才找到一种长在树上的"木子"充饥，而保住了性命。因此，当利贞脱难后，就变姓为"李"，一方面逃避暴君的追缉，一方面也对曾经救了一己之命的"木子"表达了感谢之意。据后世考据，当时利贞所食之"木子"，就是李树的果实。

到了北魏和唐朝时期，李姓的组成分子就变得越来越复杂，不但有外族加入，连许多其他的姓氏，也因功被皇帝赐姓而改姓李。于是，李姓在血缘上已不再单纯。

李姓在日益庞大之后，大体上分成了两大支系，一支在陇西（今甘肃省），一支在赵郡（今河北省）。根据朱彝尊李氏族谱序的记载，建立唐朝的李渊这一家人，是来自陇西，盛唐之后本支日繁，一共有 39 房。赵郡的那一支系，又分为东南西三个组，族人非常之多，在河北一带，人数多过当地的望族张、王、刘、赵诸姓。

也许是由于族大人众的缘故，李氏在历史上的名人，真是多得不胜枚举。从著道德经的李耳开始，到早期的抵抗匈奴名将李牧、在四川凿都江堰以灌溉诸郡的水利工程学鼻祖李冰、汉代名将李广以及以一篇"陈情表"迄今仍脍炙人口的晋朝太子洗马李密等，都是人人耳熟能详的杰出历史人物。

唐朝是历史上声威最为远播的一个朝代。对外则四夷来贡，唐太宗被四夷尊称为天可汗；对内则政治修明，文教发扬，人民皆能安居乐业。贞观、开元之治名垂史册。像这样一个具有辉煌功绩的政府，正是由姓李的人主持的，这岂不是李氏的共同殊荣。

古代生活习俗

5. 周

周文王、周武王这一家人究竟是不是现在姓周的最早祖先？周朝与周姓之间又有什么连带关系？

根据《姓纂》的记载，原本姓姬的周文王，当初也跟其他有封邑的人一样，拿封地的名称当作自己的姓氏，而世代沿用下来。由此，可以获得这样的结论：周文王是周姓的鼻祖，周姓人的血缘，可以追溯到远古的黄帝轩辕氏。

周姓的最初发源之地，应该是在陕西，以后才逐渐繁衍到其他地方去的。周姓的繁衍，应该是自西而东，也就是从陕西逐渐地迁移到河南。

以周文王父子为周氏的始祖，是历来被普遍采信的说法。不过，周姓之见诸史书，并不始自周文王，早在黄帝的时候，就有过周姓的出现。据《姓氏考略》的记载，黄帝有一位大将叫做周昌，商代也有一名太史叫做周任。这两个人的后代都以周为姓，分散在汝南、庐江、浔阳、临川、陈留、沛国、泰山、河南等地。这段记载，指出周氏的姓源不仅为周文王的一

脉，而且提供了一个可贵的事实——周姓是具有悠久历史的一个汉族姓氏。

"文王之治"，是传统上的一个政治崇高境界，所以周文王不但被公认为周姓汉族的始祖，更是五千年中华文化的代表人物。他对历史的影响之大，真可以说是无与伦比。这正是数千年来每一位周姓人的共同荣耀。

6. 吴

江南在古时属于吴国的范围。而吴国，正是吴姓人的发源地。古代的吴国，位置是在现今江苏省无锡县一带。周初，是泰伯的封地，传到十九世孙寿梦的时候才开始称王，国势也日益壮大，国境一直伸延到浙江省嘉湖一带。历史上著名的"卧薪尝胆"故事中，最后被矢志雪耻复国的越王勾践所消灭的吴王夫差，就是泰伯的后裔。

根据《通志氏族略》的记载："泰伯封于吴，子孙以国为姓。"由此可见，吴姓的始祖，是周代的泰伯。

发源于苏、浙一带的吴氏，后来很快地繁衍到邻近的齐鲁之间（今山东省）。根据《姓纂》的说法，山东吴姓汉人，大多是寿梦的第四子吴季札的后代。吴季札也是一位备受史家称道的贤者。

来看看吴姓的历史名人。唐朝时代吴道子，号称画圣，初授瑕丘尉。明皇知其名，召入内供奉，为内教博士，尝于大同殿图嘉陵江三省百余里山水，一日而毕，所画景云寺地狱变相，见之而惧罪改业者，往往有之，又善画佛像。清朝有吴敬梓，全椒人，字敏轩，精于文选，诗赋援笔立就，性豪爽，好施与，以此倾其资，著《儒林外史》说部，人争传写，诗文有《文木山房集》等。

7. 郑

根据《姓纂》的记载，郑之得姓，是开始于周厉王最小的儿子友。周宣王

即位以后，把幼弟友封在郑地即郑桓公。后来，郑桓公的子孙以国为姓，从此就开始有了"郑"姓。当时的郑地，就在现在河南郑县一带。现在河南还有一个新郑县，根据考据，这也是一个因郑姓而得名的地方。

这个由周朝王室所分支出来的郑国，虽然在战国时被韩所灭，子孙流离分散于河南境内各地。但是，到了汉唐之后，却大放光芒，为中华文化平添不少光彩。

历史上专治经学的学者中，有十分著名的"二郑"，指的是郑众和郑玄，而以郑玄所享的名气为盛。郑玄是东汉人，一生沉浸诸经，所注之经书有易、诗、书、礼、礼仪、论语、孝经、尚书大传等，是一位名实相符的大学者，不但在兵荒马乱的东汉末年享有盛名，就是在现在，也备受后人的敬仰。

8.王

在历史上，王氏成为显赫的家族，是开始于晋朝的王导。他辅佐晋元帝渡江，在建业（今南京）建立了东晋，并且接连做了元帝、明帝、成帝三代的丞相。他的子孙，也世代富贵，于是，他们这一家族，自然门第越来越高，最后演变成"合望族者，辄推王、谢"了。

也许是因为名望太高了，所以历来对于王氏的姓源，有许许多多的说法。据《通志氏族略》的记载，姓王的人，并不是一个来源传下来的，以汉族来说，有的是周文王的后代，有的是虞舜的子孙，有的则是殷商比干的后代。这种情形，已经是够复杂的了，后来不但许多外族不约而同地改姓了这个汉姓，而且还有一些人也被赐姓为王，譬如，《汉书》上就曾提出，燕王丹之玄孙嘉，曾被王莽赐姓王氏；来自西域胡支氏的王世充也冒姓王。这么一来，姓王的人想要从姓氏上去追溯自己的血统，就几乎是不可能的事了。

王氏的姓源那么多，但是仍以出自周文王的那一支名气最大。根据考据，使王氏成为望族的晋朝中兴名臣王导，就是这一支在山东繁衍的子孙。

历史上王姓名人很多，比如东晋王羲之，是"王谢"中王家的代表人物，世称"王右军"。他是书法大家，擅长楷书，是中国书法界的大师。

古代生活习俗

还有王安石，是中国历史上著名的改革家、文学家，是唐宋八大家之一，在北宋推行轰轰烈烈的变法运动。还有王阳明、王夫之、王国维等。

9. 冯

根据《姓纂》的记载，冯姓也是周文王之后，他们的老祖先，可以远远追溯到周文王的第十五个儿子毕公高。毕公高的后代毕万封在魏地，毕万有个孙子食采冯城，于是，这一支子孙就以采邑的名称为姓，以后统统都姓冯了。

在春秋战国时期，冯姓虽然有好几位深具才华的人见诸史书，但是跟其他同样出自周文王的大姓比较起来，在事功上还是多少有点逊色。至少，在当时熙熙攘攘的群雄并立局面中，姓冯的人就似乎未曾扮演过独当一面的重要角色。

然而，这个姓氏却繁衍得很快，到了汉唐时期，就从原来发源的陕西，到了河南、河北、山西、乃至福建等地。冯姓的子孙在迁到这些地方以后，竟然青出于蓝，纷纷有了十分优异的表现，为他们不甚得意的老祖先，大大地扬眉吐气。

现在，冯姓的派别相当多，根据《姓氏考略》的记载，大致如下：

出于颍川（河南省）的冯氏，是东汉光武帝的征西大将军冯异的后代。冯异就是著名的"大树将军"，曾经为光武帝平赤眉，击匈奴，军功彪炳，后来被封为阳夏侯。

上党（山西省）的冯氏，则系汉代左将军冯奉世的后代。冯奉世也是一位威震诸夷的大将，汉宣帝时，曾经出使西域各国，接连击败了莎车等国，后来又以破羌之功，被封为关内侯。

别外，福建长乐的冯姓，是宜都侯冯参的后代；京兆的冯氏，是燕王冯宏的后代；出自弘农（河南省）者，是西魏宁州刺史冯宁之后；出自河间（河北省）者，则为唐监察御史冯师古的后代。

历史上知名的冯姓人物中，有一位比较为人熟悉的冯道。他是五代的人，曾经接连做了唐、晋、汉、周诸朝的宰相，不能不算是显赫万分，然而，他那种不把丧君亡国之耻放在心上的行径，却为后人所鄙视。不过，如果仅从才华上来讲，冯道倒不失为一代能士。

10. 陈

　　根据《姓纂》的记载，陈姓最早出自为妫姓，也就是大舜的后代。陈，最初是一个地方，本来是太昊之墟（画八卦之所）。周武王的时候，把这个地方封给了舜的后裔妫满，还把女儿太姬嫁给他，称为胡公。后来，他的十世孙妫完，因故奔齐，才开始以国为氏，创造了"陈"这个姓氏。当时，胡公满所拥有的陈地，大致是现在河南开封以东，至安徽亳县以北，都城宛丘，即现在的河南淮阳县。这块地方应该是陈姓汉族的最早发源地。

　　陈姓，至少有来源不同的四群——舜帝的后裔、白永贵的后裔、刘矫的后裔以及突厥族的侯莫陈氏的后裔。这四支陈姓"人马"，经过数千年的繁衍，已经遍布及世界的每一个角落。不过，其中要以颍川、汝南（今河南省）、下邳、广陵（今江苏）、东海（今山东东南部与江苏交界处）等地的陈氏，最为族大支繁。

　　历史上第一个陈姓名人是陈胜。他是秦末农民起义领袖。陈胜字涉，阳城（今河南商水西南）人，早年为人佣耕。秦二世元年七月，与吴广在大泽乡（今安徽宿县东南）发动戍卒起义，提出"大楚兴，陈胜王"的口号。陈胜自立为将军。当义军进据陈县（今河南淮阳）时自立为王，国号张楚。

　　还有著名文学家陈子昂。于诗标举汉魏风骨，是唐诗革新的前驱者，对唐代诗歌影响巨大。

　　以上是百家姓前十个姓氏的典故，通过这可以看出中国姓氏的繁杂。通过这些例子可以窥一斑而知全豹，对中国的姓氏可以有更深刻的理解。

福禄寿喜

　　追求美好幸福、祈望吉利平安是人类与生俱来的一种意识。在中国传统文化中，吉祥观念在民间艺术中形成了最有代表性的福、禄、寿、喜四种表现形式，其中尤以前三者为最，它是古代人对生活和理想的追求，形象地体现了一个民族的文化面貌、审美趣味、美学观念以及风俗习惯。福禄寿喜观念的形成以及表现福禄寿喜艺术的形式皆来源于中国民众对幸福美好生活的渴望与追求，这种要求广泛而深刻地渗透到中国民众的日常生活之中，从而形成了独具民族特色的喜庆文化样式。

一、说福、论禄、议寿、谈喜

追求美好幸福，祈望吉利平安的吉祥意识是人类与生俱来的意识。在中国传统文化中，吉祥观念在民间艺术中形成了最有代表性的福、禄、寿、喜四种吉祥文化，其中尤以前三者为甚，它是古代人对生活和理想的追求，形象地体现了一个民族的文化面貌、审美趣味、美学观念以及风俗习惯。福禄寿喜观念的形成以及表现福禄寿喜艺术的形式皆来源于中国民众对幸福美好生活的渴望与追求，这种要求广泛而深刻地渗透到中国民众的日常生活中，从而形成了独具民族特色的喜庆文化样式。

福、禄、寿三星产生较早，早在先秦、汉即被比附为天上星宿。福星又称岁星，即九大行星之木星，职司"五福"，具体内容诸书记载不一，涵盖了长寿、富贵、平安、吉祥、子孙众多等世俗福祉；禄星为文昌星之第六星，专司人间之仕宦禄命；寿星为二十八星宿之东方七宿的角，位列该星宿之首故名"寿"。此"三星"本为星辰崇拜之产物，后为道教所人神化，形成一种有机群体走入民间信仰，成为最受欢迎的俗神。喜神即吉神，出现时间相对较晚，是为满足人们趋吉避凶、追求喜乐的心理需求而产生的，是四神中唯一出自于民俗的神仙。

（一）说"福"

"福"是汉文化中寓意最美好的字眼，传诵着从古至今人们对一切美好事物的追求。正如《说文》中注："福者，备也，百顺之名也，无所不顺谓之备。"千百年来，"福"成为人们奋斗的目标，并被赋予了多姿多彩的表现形式。在所有的汉文化吉祥用语中，福字的用途最多、包容最广、意义最重要，

人们把一切美好都赋予了福。

古人认为，幸福乃上天和祖先所赐，故"福"字的造字也与此相关。"福"字的左边是"示"旁，即表示祭坛或供桌之类。"畐"的初形是樽、觚之类的酒器，也就是供品。原来的"畐"字下面有两只手，将"畐"中的酒倒在祭坛上，即以此祭祀上天祖先，祈求幸福。《尚书·洪范》云："五福：一曰寿，二曰富，三曰康宁，四曰攸好德，五曰考终命。"它的意思是长寿延年，富贵殷实，身体康宁，积德行善，自然命终。"富"是五福的内容，又与"福"近音，因而富贵殷实不仅是幸福的基础，也是幸福的内容。刘熙《释名》曰："福，富也。其中多品好富者也。"可见，生活的完备就是吉祥幸福。吉祥图形中的"富贵图"实际上也就是"福"图，只是表现形式更含蓄而已。中国民众认为幸福是物质和精神的丰富，是人与自然的和谐。福无所不在、无时不在，只要你用心体会就会感受到生活中处处都有福的身影。

福禄寿喜

（二）论"禄"

"禄"古时指官吏的俸禄、俸给，这在古时众多的书法作品中得到明证。"禄"字往往是官职名称的组成部分。功名利禄，既是从仕的必然所得，也是人们考取功名的追求。《说文》中说："禄，福也。"禄字也可解释为"福"，如同"五福"中的富，富贵殷实。古时，官吏的俸禄称为"禄米"，官职称为"禄位"，在中国古代，官位越高俸禄越丰厚，有厚禄就意味着生活富裕有保障，故而有高官厚禄的说法。以禄为吉祥内容的图案如鲤鱼跃龙门、五子登科等，这些图案表达了古时人们希望改变自己命运过上富裕生活的期盼。

（三）议"寿"

"寿"者，久也。古代的文辞中，常常把"寿眉"两字连缀于一起，应该是得义于古稀老人面目上之长眉。正如《说文》中曰："幽风小雅，此言眉寿。""寿"代表长寿，即追求生命的无限，长生不老。"福如东海，寿比南山"的词句是古时人们心理的最佳反映。以长寿为幸福的观念在商代就有记载。

《尚书·洪范》中云："六极：一曰凶短折，二曰疾，三曰忧，四曰贫，五曰恶，六曰弱。五福：一曰寿，二曰富，三曰康宁，四曰攸好德，五曰考终命。"古人的五福六祸中以寿为先。古时由于科学技术发展的局限性，人们的生存条件较差，因而生命短暂，所以无论是黄老之学的兴起，还是固气炼丹的荣衰，千百年来，世人用各自不同的方式尝试延续生命或羽化成仙，都表现了人们希望长生不老、青春永驻的美好愿望。在搜集"寿"字的过程中发现历朝历代各种书体的"寿"字数量，远远超过其他文字，尤其是在朝代更迭、战乱往复之时，"寿"字的大量出现，更体现了人民大众对安定生活的渴望和对生命的热爱。这种对生命的追求，不仅体现在文字上，更大量出现在绘画、雕塑等艺术作品和其他民俗作品之中。

从古时的西王母到后来的麻姑，从千年前龟蛇到现在的仙鹤与果桃，"寿"的含义不断被延伸和美化，但无论"寿"字的表现形式和有关的思想如何变化，只有一点从未改变，那就是"仁者长寿""善者长寿"的观念。热爱他人、热爱生命，这或许才是"寿"字的真正意义，这也是华夏文明经久不衰的动力。

（四）谈"喜"

"喜"者，乐也。古为五声八音之总名。西周时期铸的"井叔钟"铭文中，"喜"与"乐"连缀于一处。正如《说文》中曰："古音之喜乐无二字，亦无二音。"

秦在统一六国的同时，还统一了文字，汉代给予了巩固和发扬，使我们今天看到了两个"口"快乐的"喜"字，古人还创造性地开创了双喜字，把四个"口"组成一字，用来表达欢喜心境。古人说人生有四喜，即"久旱逢甘露，他乡遇故知，洞房花烛夜，金榜题名时"。"喜"

字在日常生活中运用很广，如女人怀孕称"有喜"，生孩子称"添喜"，此外还有"红白喜事"的说法，办丧事为白喜事，办喜事为红喜事。逢年过节是喜庆的日子，风调雨顺、五谷丰登也是喜事。对于这些关于"喜"的说法，可以说是人们对生活的一种理解、希望和祝福，是对美满生活愉悦情感的流露。

二、民间美术永恒的主题——福禄寿喜

民俗文化是在人类社会长期发展的过程中形成的，是与居民生活密切相关的衣食住行、礼仪、信仰、风尚、娱乐等民间风俗习惯的总和，是经社会约定俗成并流行、传承的民间文化模式，是一种文化的积淀。民俗不仅是一种民间自我传承的文化事象，还是一个民族自由表达情感、展现独特精神风貌和世界观的一种行为方式。

民间美术作为物质化了的精神产品，是劳动人民审美理想的外化。民间美术不仅能给人带来精神上的审美享受，而且在百姓的现实生活中具有功能上的实用性。庶民百姓和民间艺人在创作民间美术的过程中，对作品寄予了美好的愿望并赋予了真挚的情感。根据对大量的民俗资料和民间美术各种品类的分析，我们可以得出这样的结论：对美好人生的期盼和赞美是中国民间美术的永恒主题，也是民间美术观念的基本内涵。关于生命的含义非常丰富，包括理想、信仰、情感和行为等各个方面，表现在民间美术作品中，它带有明显的功利色彩，反映出庶民百姓对生命、生活、人的存在、人生的意义与价值的真实态度。

我们可以将中国民间美术的吉祥观念概括为四种类型，即：其一，"福"——驱邪纳福、吉祥平安、富贵美满。其二，"禄"——功名利禄、招财进宝、连年有余。其三，"寿"——祈子延寿、瓜瓞绵绵、鹿鹤同春。其四，"喜"——欢天喜地、龙凤呈祥、莲生贵子。这四种类型的划分只能是相对的，因为吉祥观念这一主题的内涵是非常丰富的，所以各种类型之间的含义会因时间、地域、环境、条件的不同而具有包容性和适应性。各种类型样式的主题内涵也是相互联系和相互转借的，如："福"类型的纹样里包含着"禄""寿""喜"，前者通过后三者来具体体现"福"的观念。总而言之，福、禄、寿、喜的共同内涵都是表达中国百姓对无限生命的祈求与希望，它们是中国人生命观的真实写照。

（一）福

"福"乃是中国人生命主题观念中最为重要的理想境界。它要求生活吉祥

福禄寿喜

如意，身体健康长寿、子孙众多、富贵无边、鬼怪不入、病瘟不侵、钱财遍地、连年有余。它是"禄""寿"和"喜"三种吉祥观念类型相结合的产物，也是人类社会生存与发展的必然要求与结果。

人类初始，先民们要同各种自然灾害、病瘟、害兽以及敌族的侵害进行艰苦的抗争，因此对平安生活、理想的祥瑞充满憧憬。然而，当时人的力量是很微小的，他们认为宇宙天地间神操纵着自然的一切，所以人们希望借助神的巨大威力，过上幸福安乐的生活。"神，引出万物者也"。只有神才能避除一切灾难，给民间百姓带来幸福和吉祥。因此，人们为自己创造了各种各样的保护"神"，以期为百姓避邪、驱魔、纳福。这些福神包括：驱鬼除妖的门神神荼、郁垒、赵公元帅、燃灯道人以及秦琼、敬德，"上天言好事、回宫降吉祥"的灶王神，捉鬼降妖的钟馗，镇宅的雄狮，护家的艾虎，克除病毒的"五毒"（蛇、壁虎、蟾蜍、蜘蛛、蝎子）等等，这些都表现了"福"的驱邪禳灾的含义。"福"的另一层含义是招祥纳福，这一类型的纹样有：天官赐福、吉庆有余、四季平安、三阳开泰、鱼跃龙门、蛇盘兔等。此外，在民俗文化的不断积淀与发展变化中，人们对"福"的理解更加深刻，后来的"福"含有"五福"之意，包括"寿、富、贵、安乐、子孙众多"，所以，"福"又是包含有寿、禄（富贵）、喜（安乐、子孙众多）多含义的吉祥观念。这种观念在百姓心目中逐渐演化为"福、禄、寿"三位一体的吉祥观念，并随之形成百姓理想中的三位神仙，称作"福、禄、寿"三星或三神、三仙。在传统的民间吉祥图案、民间剪纸和民间年画中表现"福、禄、寿"三仙的题材比比皆是，不一而足，可以看出中国人在生命意识里，福、禄、寿是他们的理想境界。

（二）禄

在民间美术中，表现"禄"这一吉祥观念的题材十分丰富，它反映了民间百姓生命意识的另一方面，即在获得吉祥、幸福、美满生活的同时还渴望丰厚的财富，锦衣玉食的生活是百姓生命理想中重要的组成部分。

在古代中国，劳动百姓拼命劳作希望能够衣食无忧，他们梦想能过上富足美满的生活，这种梦想使他们对钱财和富贵的渴望达到了无以附加的程度，因为对财富的渴求是他们现实生活中重要的人生理

古代生活习俗

想之一，所以人们将对发财生钱的想象力在民间美术作品中发挥得淋漓尽致。民间美术作品中的"堆金积玉""聚宝盆"和"摇钱树"等纹样体现的是关于"福""禄"的吉祥观念，是民间百姓的一种美好愿望，而绝非对现实生活的描绘。我们在这些民间美术中所看到的是劳动人民的欢乐与达观，天真与自信，这是一种纯粹精神上的心理满足。

（三）寿

"寿"为"五福"之首（五福为寿、富、贵、安乐、子孙众多），足以看出延年长寿在中国人的生命观中的地位与意义。

在民间美术中表现延年益寿主题的题材有"鹿鹤同春""五蝠捧寿""麻姑献寿""八仙祝寿"等等，这些题材在内容上多是一些神话传说、吉祥动、植物、吉利器皿和文字等的相互组合，在表现形式上利用联想、象征喻意、谐音转意等手法来传达庶民百姓对生命无限延续的理想与愿望。"寿星"又称"南极老人星"，主司人间百姓寿命之长短。据《史记》记载，秦朝就建有"寿星祠"来奉祀南极老人星，"老人见，则天下理安"。我们现在无论是在民间年画、剪纸、刺绣，还是在祠庙里的塑像上见到的寿星都是笑态可掬、鹤发童颜，一手举着寿桃，一手拄着长拐杖的老翁。与"寿星"为伴的是鹿与鹤。鹿不仅是生命的象征而且是长寿的象征，东晋葛洪的《抱朴子》写道："鹿寿千岁，满五百岁则其色白。"鹤为报春的"候鸟"，春分来，秋分去。它同鹿一样，在民间文化中也象征长寿，《淮南子·说林训》："鹤寿千岁，以极其游。"把鹤当做长寿的仙禽，称其为"仙鹤"。由此，寿星与神鹿和仙鹤一起构成了《鹿鹤同春》的吉祥图画。

俗谚道："人上寿百岁，中寿八十，下寿六十。"人们希望自己能活至上寿，上上寿，以图长生不老，于是便有了成"仙"的愿望。仙是人而不同于人，属神而非同于神。仙不同于人，因为他脱离了生老病死之苦；不同于神，因为他享有无穷的快乐，又不必承担神所担负的职守，自由自在、无羁无绊。因此，成"仙"就成为人们渴望摆脱世间的烦恼，追求长生不死，自由享乐的长寿目标。

在民间美术中借助于动、植物的谐音或其本身特性来喻意、象征长寿观念的还有猫、蝶、龟等，因猫蝶与耄耋谐音，八九十岁为之"耋"，七八十岁称之

福禄寿喜

"耋"，"耄耋之年"即为长寿之意。所以，民间艺人常把猫、蝴蝶同牡丹画在一起，意为"耄耋富贵"以表达对人长寿富贵的祝愿。

龟在民间文化中与麟、凤、龙合称为"四灵"，被视为神灵、长寿的神物，《史记·龟策列传》曰："龟千岁乃满二寸……""江傍家人常畜龟饮食之，以为能导引致气，有益于助衰养老"。因龟之神灵、长寿、益身，虽其貌不雅，也成为延年益寿的象征，龟背纹常在民间吉祥图案纹样中出现。

（四）喜

"福禄寿"三神怀抱童子或童子相随其中的民间年画中有"子"即儿童形象的参与，这便是"喜"观念在"福、禄、寿"中的渗透。福、禄、寿、喜是相互指代的吉祥观念和相互包融的吉祥形象，童子形象即"子"的意义与"喜"的观念相结合的产物。得子既是人生大喜也是人生大福，它既是新生命的开始，也是子孙后代生命的延续（寿），在中国的封建社会中，子同时也是官位、财产的继承者（禄）。我们会从"福、禄、寿、喜"的变化与统一中发现在中国民间艺术众多的吉祥题材中反复表达的都是中国人对人生理想的极度渴望，世代赞颂的都是企盼子孙万代永世昌盛的生命之歌。

"喜"在中国民间艺术中表现的不仅仅是久旱逢甘露之喜，他乡遇故知之喜，金榜题名之喜，更重要的是表现洞房花烛之喜。中国人传统之"喜"是以情恋、婚嫁、交合与生育等生命繁衍为主要内容，以祈子求生求福为主要目的的百年合好、幸福祥瑞、多子多福和五世同昌之喜。大量的民间美术纹样不厌其烦地表现了这一生命主题，如《鱼戏莲》《凤凰戏牡丹》《鸳鸯卧莲》《龙凤呈祥》《欢天喜地》《伏羲女娲》《麒麟送子》《蝴蝶扑金菊》《榴开百子》《莲生贵子》《蝴蝶引子》《葫芦生子》等。我们常常会在民间美术作品中看到成偶数对应关系的造型纹样，如"鱼戏莲""蛇盘兔""蝴蝶扑金瓜""凤凰戏牡丹"等，它们是民间艺人运用象征、联想、通感、喻意的手法对阴阳相合、生命相生的理念反映与形象创造：鱼为阳喻男，莲为阴喻女，鱼莲相戏，象征男女之爱；蛇为阳喻男，兔为阴喻女，民谚道："蛇盘兔，年年富"，意味着男属蛇与女属兔相婚配必定吉祥富贵。此外，以阴阳对应形象，用隐喻的手法表现男女交合的题材还有"狮子（阳）滚绣球（阴）""猴子（阳）吃桃（阴）""鸡（阳）戏蟾（阴）""刘海（阳）戏金蟾（阴）""鸳鸯（阳）绕莲（阴）""蝴蝶（阳）扑金瓜（阴）"等等。

三、福禄寿喜吉祥观念在生活中的表现形式

（一）民间剪纸

剪纸作为一种民间艺术，它在民间发生、发展以及传承，积淀了深厚的民俗文化。在中国传统民间艺术中，剪纸是流传最广泛的一种传统民间艺术形式。它朴实无华、表现夸张，以独特的装饰性、趣味性装饰着居室环境，美化着生活，用一种亲切、通俗、美观的艺术表现形式抒发着人民的真实情感。我国的剪纸历史渊源久远，起源于古人祭祖祈神的活动，根植于博大精深的中国传统文化之

中。两千年的发展史使它浓缩了中华文化的传统观念，也传承着古老民族的人文精神与思想脉搏。

中华民族非常崇尚吉利祥瑞的说法，很久以前，我们的祖先就已经有了追求"五福"避讳"六极"的民俗。《尚书·洪范》记载"五福"说："一曰寿，二曰富，三曰康宁，四曰攸（遵行）好德，五曰考终命（年老善终）。"后来汉朝桓谭写过一篇《新论》，对于"五福"又有了一点局部修正，书中指出："五福：寿、富、贵、安乐、子孙众多。"后来，人们在原有"五福"的基础上进行修改调整，又把"五福"定为：长寿、富贵、健康、好善、名誉。由于民间剪纸最接近人民的生活，同时又以反映人民生活、愿望为主题的，又有劳动人民直接参与的，所以人们对多福、多禄、多寿、多喜的美好期盼都淋漓尽致地体现在剪纸中。

以禳灾纳吉为主题的福禄寿喜吉祥观念的剪纸，来源于民众对幸福美好生活的渴望和追求。诸如婚丧嫁娶、生子继嗣、升官发财、延年益寿等人生大事，人们都要通过剪纸这种艺术手段，以真诚、自由和无尽的想象来表达他们对生活的热爱和渴望。"福禄寿喜"观念在剪纸中的体现正是这种希望和理想的艺术载体，其本质就在于传达这种吉利祥瑞的理想和意愿。因此，福禄寿喜图形

装饰在剪纸中运用得十分广泛，成为民众喜闻乐见的传统题材。中国古代的装饰图案部分是"图必有意，意必吉祥"的，剪纸艺术有的是抽象意念的具象化，有的是具象事物的抽象化，常用谐音、寓意、象征手法来表达民众的审美理想。

1. 谐音取意

"谐音"主要是在语音的发声过程中有相近或相同音调。剪纸中吉祥图形中谐音的表现手法，主要是以生活原型事物的语音去谐音类比被表现事物的语音，进而达到从要表达的本意上表现事物的目的。例如剪五只蝙蝠围绕着"寿"字的图纹，表示"五福捧寿"；把鹿（鹿谐音"禄"）和蝙蝠剪在一起则表示"福禄双全"；剪牡丹丛中猫捉蝴蝶（猫谐音"耄"，蝶谐音"耋"）表示"长寿富贵"；剪喜鹊站在梅（梅谐音"眉"）树梢上的图纹，表示"喜上眉梢"等。

2. 借物寓意

"喻意"是借助其他事物以寄托或隐含本意，其目的是假托某种自然物或自然事象，来昭示、寄托要表达的意念，使人们在观察、揣摩中假借事象表达事理的结果。福禄寿喜所表征的除了借助事物、事象的外部来表达某种意愿，还包括诸如以民间神话、传说、典故、故事、戏文等事象内部的事理来表达某种涵义。例如，在民间剪纸中龙与凤的结合，表示对新人的祝福即龙凤呈祥；而在表达延年益寿的主题时，借物寓意多用老寿星、寿桃、仙鹤、松树的图纹。

3. 象征表意

象征是以具体事物本身所显现的性质、形态特征、色彩或生态习性，联想到某种与感性事物相似或相近的抽象涵义，表示某种特殊的意义，从而附加了许多人格化的意愿。例如，在民间剪纸中象征长寿的吉祥物颇多，诸如寿可千年的龟鹤，万古长青的松柏，食之延年的灵芝、仙桃等。表现喜庆象征物的有喜鹊和喜珠，此外合欢、獾、荷花等都代表喜庆。

我国幅员辽阔、民族众多，各地风土人情、行为信仰不同，因而形成了丰富多彩的民间剪纸艺术风格。大体而言，东部地区因经济发达、交通便利、文化交流便捷及受文人艺术影响较多，所以该地区剪纸形成了内蕴深邃、隽永挺秀的风格。西北的民间剪纸，因古文化的遗存较多，所以造型古朴、稚拙，强调意象造型而不受固定视角的约束，故作品充分体现出自由豪放的风格。西南地区地域偏僻的少数民族的民间剪纸，受民族神话传说的影响，形象独特、怪异多变。江南的民族剪纸以灯花和礼花为主，色彩艳丽、玲珑剔透、严谨工整，既有极强的图案性又能按现实的时空比例去表现对象。无论是东部地区的剪纸，还是西北、西南、江南的剪纸，在不同的历史时期这些剪纸都是以吉祥为创作主题和表现内容的。这些主题或隐或显地表达了人们的精神观念和精神寄托。吉祥主题是始终贯穿其中的主要内容，民间剪纸中的福禄寿喜图案展现的并不仅仅是艺术审美形象本身，而是与劳动人民的精神要求和生活追求紧密结合的富有现实意义的艺术形象。

河北民间剪纸《如意三仙》中表现的吉祥观念：作品为一"吉祥如意"宝篮，中间的大"福"字点明主题，咫尺宝篮分为两个部分，上部为天，下部为地，"天"上福、禄、寿三仙飘然降至宝篮之中，福星居中，身着天袍（福星为天官），手执如意，为民招祥纳福。禄星居左，一身员外郎打扮，头戴官帽，帽上还插一朵富贵牡丹花，怀中抱一婴儿，禄星能给人带来富贵之运。寿星在右，又称"南极老人星"，是长寿不老的象征，寿星形象憨态可掬，硕大的额头如三千年之仙桃，鹤发长须童颜，左手执龙杖，龙杖上悬挂一酒葫芦（可见仙人之悠然自在），右手捧一长寿之桃，喻意长生不老。但见天界云端，三位仙人顺着日、月发出的耀眼光芒、乘紫气，脚踏祥云向民众走来，每到一处，天上蝙蝠（福）云游，脚下元宝（钱、财）遍地，就连那宝篮的把手都是由铜钱串成的，这还不够，且看如意宝篮两侧各挂一条肥硕的鲤鱼，意味着财宝无尽、年年有余（鱼）。

在山东高密民间剪纸中，流传着一套四种福、禄、寿、喜纹样的十二生肖，剪纸的创作者把其中的"禄"字形象地剪成铜钱纹样，这显然是从"招祥纳福"吉祥观念中演化而来的，它在民间美术生命主旋律中带有明显的功利色彩，它追求生活财产的富足和积累，对功名利禄、官居高位、门第显贵等的期盼和向往，显示了百姓对富裕生活的强烈渴求和直接愿望。此类型的纹样有：招财进宝、黄金万两、摇钱树、开市大吉、五路进财、聚宝盆、刘海戏金蟾、加官进禄、封侯挂印、金玉满堂、长命富贵、荣华富贵、状元及第等等。

陕西安塞的《鹿鹤同春》民间剪纸有着深厚的文化底蕴和独特的艺术魅力。在艺术表现手法上,其主题鲜明、造型古朴、刀法自然、形象突出。从动物的姿态与神情中,从花的旺盛与姿态中,从黑白分明、阴阳交织的剪法中,我们分明能从中感受到春天的气息扑面而来。

在婚庆的各种喜庆装饰纹样中,有一种叫"坐帐花"的喜花《莲生贵子》,它是人们对新人的祝福,正如陕北民谣所说:"石榴赛牡丹,赛上一铺团,脚踩莲花手提笙,新娘一定生贵人。"同一题材的另一幅"坐帐花"则把莲生贵子与自然四季的花卉结合起来,表现出生命的无限生机:娃娃端坐于莲花之上,双手举起手拿笙(谐音生)的童子,喜蜘蛛附在童子身上,意味着"喜从天降",周围是代表四季的牡丹(春)、莲花(夏)、菊花(秋)、梅花(冬),如意鱼游弋于娃娃两边,表明"四季如意",同时也喻意着生娃娃四季咸宜、生命常青。蛙与石榴都是多子的符号,象征着"多子多福"。

《喜开莲门》中莲花象征女阴,它是如此地纯洁与美丽,它是生命之门,我们看到一个男娃迷蒙中睁开双眼,因头大而腿细,使人感到男娃像刚学会站立的婴儿颤微微地站立起来,双手推开两叶圣洁展放的莲花瓣,仿佛打开了通向新世界的生命之门。民间剪纸《莲花生子》表现的正是这一瞬间的情景和壮观的图画。在歌颂生命、赞美母性的神圣与伟大时,民间美术的创造者和使用者放情大胆地以艺术夸张的手法去表现人体中被认为最为隐秘的部位,赋予它以美感与圣洁,使我们感受到人与自然的交融与和谐,生与美的统一和共存。年轻人在欣赏这美丽图画的同时,也潜移默化地受到艺术与科学的教化,而这种教化功能又是纯艺术作品和宣教挂图都无法达到的。

(二) 民间年画

如果说在远古的岩画或石刻创作中,吉祥图以图腾的形式出现,那么,此后商周的青铜器,春秋战国的铜镜,秦汉的画像石、画像砖、瓦当,南北朝石窟壁画,隋唐的石雕,宋代陶瓷、织锦,元代的花鸟画,明清的织绣、瓷器

古代生活习俗

上的吉祥图，则是以装饰和艺术品形式出现的。早在殷周时期的玉雕及青铜器上，就出现了大量的"吉祥图案"或"寓意图案"。北京平谷、河南郑州等地出土的商代铜器上，常饰有首尾相接的鱼纹，反映出当时的人们已赋予鱼以"吉祥"寓意或"吉祥"象征，借"鱼腹多子"这一生物形态的现实存在，寄予人们祈求多子多福的美好愿望和憧憬。以后历代都有这种具有"吉祥"寓意的图像。其中较

完整的具有"吉祥"图案的审美文化蕴意及其形式美表现特征的，是绘制于汉灵帝刘宏建宁四年（171年）的《五瑞图》。该图左为黄龙，右为白鹿，下左二树四枝"连理"，中一嘉禾，禾生九茎；又有一树，树下一人举盘"承露"，乃中国现存最早的吉祥图案。秦汉时期，佛教传入中国，佛教中的因果报应、道教中的长生不老、儒教中的阴阳五行，三者有所融合，再加上神话传说，极大地丰富了吉祥图案的题材，并广泛地应用于建筑、雕塑和民俗艺术中，丰富的吉祥语言开始出现。例如，在汉代织锦上已经出现不少吉祥图案，有"万事如意"锦、"延年益寿大益子孙"锦等。此时传统吉祥图案中的福、禄、寿、喜图案逐渐开始形成。

福禄寿喜

　　年画艺术秉承了中华民族文化（如文学、戏曲、音乐、舞蹈、美术等）在创作上追求现实主义和浪漫主义高度完美统一的优良传统，赋予朴实无华的民间年画以无穷的魅力与巨大的艺术感染力。年画艺术始终扎根于平民大众之中，努力从世俗民风中挖掘丰富的素材，以表现民众的喜怒哀乐，讴歌传统美德……使广大民众从年画艺术的欣赏中获得美而有益的享受，从而喜爱年画，自觉地接受其传统民族文化内涵的熏陶。

　　年画的题材，与现实社会息息相关，它描绘了太平盛世人民安居乐业的生活，体现了热爱人民，关怀民众疾苦的一片深情；它细腻地刻画了岁时节庆、婚丧嫁娶等平凡而又精彩热烈的世俗生活，为终年操劳的平民百姓享受短暂的年节欢乐增添光彩。年画画面上集文学之精华，借常物之祥意，倾吐衷情。它将"莲花、鱼、桃、蝙蝠、鹿、鹌鹑、菊、佛手、扇"等恰当地运用到年画中，由娃娃手中持有的器物，用谐音或比喻凑成年画题目，妙趣横生，令人赞叹，如：莲——连、鱼——余组成的《连年有余》，蝠——福、扇——善组成福

善吉庆等。

　　福、禄、寿、喜等主题纹样及其象征符号为题材的民间艺术品，在民族艺术的历史长河中，构成了一幅鸿篇巨制。各种表现形式的作品无一例外的描绘了这一组合形象，并在发展过程中不断被拓宽、丰富。

　　作为一种通过画面表达吉祥寓意的特殊艺术样式，吉祥年画有着自己的艺术特点，主要表现在以下几个方面：

　　1. 具象映射抽象

　　吉祥年画表现的内容多是抽象的观念，如福、寿等都是抽象的观念，但出现在画面上的形象则是具体的，以蝙蝠表示福，以桃子表示寿。这种表达有时是单一的形象，有时是多种物象，如表达寿，除了桃，还有仙鹤、松树等，其物象丰富多彩。"夫恒物有种类，瑞物无种"，吉祥年画的选材几乎涉及自然界的所有门类。这些作为题材吉祥年画像的物象，都来源于中国传统吉祥物。

　　这种用具体的物象映射抽象的观念与中国传统的思维习惯有关。古人对其自然的属性和形体特征有着清楚的认识，将这些具体的形象用作吉祥年画表达观念时，更容易为人们所接受。要说的意思不直接表白，而是借助物象来曲折映射，这其实是一种诗意，说明了古人的思维充满了诗情画意。

　　2. 象征是吉祥寓意的桥梁

　　吉祥图中"象征"是其基本特征。用象征手法表达思想情感比直截了当的语言更能表达出含蓄、细微以及耐人寻味的意蕴。吉祥图善于用具象物品来表达抽象概念，由具体的物象引申到抽象的观念，其间的桥梁是象征。与其他的美术样式不同的是，在传世的吉祥绘画中，其内容的寓意与形式的象征往往是统一的，因而象征是中国传统吉祥图的重要特点。

　　象征是一种委婉含蓄的表白方式，传统吉祥图案的美常常尽在不言中，这充分反映了中国人偏爱含蓄、不喜直露的习惯。在中国传统吉祥图案中，象征、

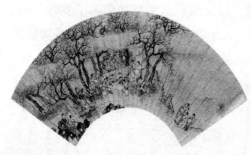

暗喻是常用的手法，如用鸳鸯象征"恩爱夫妻"；画一条鱼，寓意年年有余，生活富足；一只悬丝垂荡的蜘蛛，蕴涵着喜事临门的祝福；五只嬉戏于窝边的小鸡，寄托了对子弟成才的祈盼；一对双栖双飞在梅花与竹枝间的

绶带鸟，是对夫妇恩爱、白头偕老的赞颂等等，都是通过象征手法表达寓意。

吉祥年画中使用象征手法时，往往经过人们的理想化处理，有的将其自然物性加以延伸，有的则与本来的自然物性完全不同，被赋予新的象征意义。有很多吉祥年画图案综合运用象征手法。综合手法的最大特点是可以赋予图案更丰富的含义，使作品成熟丰满。例如，"三多图"年画由石榴、桃、佛手组成，寓意多福（佛）多寿（桃）多男子（石榴，石榴子多），"三多"组合在一起，便成了人生幸福美好的象征。

3. 谐音含蓄表意

吉祥年画以具象映射抽象时，采用谐音含蓄曲折表意，即物象的名称与观念词字同音不同。借助于同音字和谐音字所代表的自然事物，使之能够表达吉祥的寓意，这是吉祥年画最为常见的。自宋代开始，根据同音的发音创造了许多吉祥的成语和象征，而这时正是吉祥年画萌芽和兴起之时。

谐音曲折表意的方式源于中国吉祥物的生成方式，在中国吉祥物中，由于汉语的音同声的特点，许多吉祥物也是因其名与吉祥寓意音同或音近而生成。主要采取吉祥物的声韵，如蝙蝠之"蝠"与"福"谐音。在人们采用谐音寓意吉祥的年画中，有以单个的物象来表达吉祥意义，也有采用两种以上的物象来构成一定的寓意，表达一种或多种的吉祥意义。如事事如意，就采用柿子、如意结合；一只鹌鹑与九片落叶组成"安居乐业"（鹌居落叶）；还有鱼谐音"余"，磬谐音"庆"，梅谐音"眉"，喜鹊代"喜"，花生代"生"等等。以上各例，可分别组成"吉庆有余""喜上眉梢""早生贵子"（枣、花生、桂圆、莲子）等吉祥图案。

4. 形性意构成吉祥

取物之形的吉祥物如灵芝，形似如意，即以灵芝喻如意；取物之性的吉祥物如松竹梅，其性高洁，故誉为"岁寒三友"；取物之意的吉祥物如富贵花牡

丹，取其贵意为象征。

形性意构成的吉祥年画注重精气神韵，即精髓、气势、神采的生动、自然流畅的美感。"神似"胜于"形似"的审美观念就是其体现。构成吉祥物的东西看来都是平常之物，之所以成为吉祥物，主要是取其形性意的象征意义。

5. 注重图像的大众性

吉祥年画是从吉祥图案的基础上发展而来的，其寓意与吉祥图案的寓意是相当的。吉祥年画创作时关注的不是创新，而是图像的大众性，即为大众喜闻乐见，他们追求表现隐藏造型形式中的象征意义，风格特点倒不是最重要的。注重图像的大众性，就要重视图案的趣味性和可视性，因此吉祥绘画大多生动活泼。

6. 寓意的欢快吉庆

吉祥年画之所以深受人们的喜爱，首先在于它具有避邪、驱邪、祈求与祝贺的基本内涵，同时又寓意欢快吉庆、和谐祥和，给人以喜气洋洋的感觉。

7. 理想浪漫的精神特征

吉祥年画大大拓展了艺术的自由空间，突破了自然的束缚，将分散于各处的美好事物集于一身，比如瑞兽麒麟就是多种动物的组合。理想浪漫是中国传统吉祥图案所具有的最普遍的精神特征。

8. 虚无空灵的想象空间

虚无空灵是道家思想在中国传统吉祥图案的最完美体现。画面注重含蓄自然、若有若无、若虚若实，给人留下广阔的想象空间。

古时人们有将年画馈赠亲友的习俗，如给老人祝寿送《寿比南山》《献寿图》；升官晋级送《指日高升》《平升三级》；店铺开张送《招财进宝》《恭喜发财》；外出谋差送《一帆风顺》《发财还家》；娶妻生子送《麒麟送子》《莲生贵子》；办丧事送《游园惊梦》；过年送《合家欢乐》《连年有余》等。从上述年画艺术的题材以及这些题材所产生的功能来看，年画中的吉祥特征是非常明显的，它的艺术形象直观、通俗易懂，为民众所熟悉。因此，广大人民群众把它当做自己岁时节庆、世俗生活的精神食粮。民间艺人所创作的年画，与传真画像、寺庙壁画、石刻线等一样，均堪称我国

民族绘画传统的正宗。年画上承古代"指鉴贤愚、发明治乱"之图画要旨，下传六法和线描人物之技艺；既继承和光大了传统的民间绘画，又形成了适合自身生存的艺术特色，因而能够经久不衰。

（三）民间吉祥图案

吉祥图案在吉祥文化中占有重要的地位。吉祥图案作为民众的艺术至今仍活跃在广大人民群众的日常生活中，可以说是无处不在。正如周星先生所指出的："实际上，当前中国的印染、编织、刺绣、陶瓷、雕刻、建筑、装潢、广告、布景以及衣食住行等日常生活的各个方面，均有对吉祥图案的大量运用和再创作的社会实践存在。"它深刻地体现了民众的人生理想、心理观念和审美意趣，是民众幸福生活观和理想人生的一个缩影。乌丙安先生也指出，在相当多数中国人的日常生活里，像"龙凤呈祥"的被罩、"鸳鸯戏水"的门帘、"团花"锦簇的"唐装"、为孩子避邪的鞋帽装饰、为老者祝寿的镜匾卷轴……很多传统的吉祥图案依旧存活和延续在民众的现实生活之中，特别是较为集中地出现在人生仪礼、年节岁时和各种喜庆热闹的重要场合。可以说，吉祥图案既是古老的，又是年轻的；既是传统的，又是现代的。

吉祥图案种类繁多，是民众生存态度和真实生活的写照，当我们从不同的角度关注它时，就会得到不同的构成结果。吕品田先生在《中国民间美术观念》一书中，将吉祥的内容归纳为三类：即祈子延寿、纳福招财和驱邪禳灾。田自秉先生在《中国工艺美术史》里，将吉祥图案按主题划分为表现幸福者、表现美好者、表现喜庆者、表现丰足者、表现平安者、表现长寿者、表现多子者、

福禄寿喜

表现学而优者、表现升官者和表现发财者十类。郑军在《中国民间吉祥图案》一书中，从题材的角度又将它分为祥禽瑞兽、花卉果木、人物神祇、文字符号四个类别。吉祥图案还可按照应用载体分类，有建筑装饰图案、家具图案、陶瓷图案、印染织绣图案、漆器图案、窗花图案等。

吉祥图案最突出的特征是意蕴丰富，这些丰富的意蕴背后隐喻着中华民众独特的文化思维观念。这种观念必须具有表达民众意愿的指称意义，能准确地反映民众社会生活并具有群体性意义。众多的吉祥图案，内容繁杂，如果按照吉祥的内涵和意蕴加以归纳，可用福、禄、寿、喜来概括。福禄寿喜财寄托了良好愿望，渲染了喜庆气氛。

1.福

福是百事皆吉的总称，也就是通常所说的幸福，如"福气""福运""福分"等，它是人们极其向往的目标。人们总是希望幸福降临在自己身上或福临家门。于是，与"福"相关的传说、成语等应运而生，表达福气、福运、幸福的图案也随处可见。吉祥图案常用蝙蝠、佛手、如意、祥云等来表示福，并组成各种图案，如多福多寿、福如东海、五福和合、纳福迎祥、福星高照、平安五福自天来等。

(1) 福神与吉祥

在民间传说中，掌管幸福之神称为福神。关于福神的说法，有几种传说：一说指岁星，二说指天官，三说则为阳城。古代称木星为岁星，传说木星照临的地方有福。后来，福星逐渐被人格化后便成了福神。

天官作为福神，是由道教信仰演变而来的。而阳城福神，则是由历史人物演变而来的。据说中唐时期，皇帝偏好侏儒，常选道州矮人中相貌较好者为宫奴。当时阳城任道州刺史，因看不惯朝廷的这一做法，上表谏阻，后被贬为州民。最后郡民立祠绘像供奉他，人们逐渐把阳城奉为"福禄神"，以希冀他降福解厄。

天官的形象在历代年画中出现，称为"天官赐福"。其形象为头戴天官帽，项挂金锁，左手执如意，足登朝靴，慈眉善目，五绺长髯飘洒胸前，一派喜颜悦色、雍容华贵之态。有的天官身边画一童子，手捧花瓶，瓶中插着牡丹、玉兰等，寓意"满堂富贵"。在农历新年之时，人们张贴这种年画，以求天官赐福，带来好运气。

（2）福字与吉祥

中国人有春节贴春联的传统习俗，即在春节时，人们便在屋内外挂上"福"字，以前多是用墨汁写在大红纸上，贴在大门外的，称为"出门碰福"；贴在床头的，叫"全家幸福"；贴在粮仓上的，叫"满福"；贴在堂屋正面的，大都将"福"字倒贴，叫"福到了"，以示吉祥。随着生活水平的不断提高，现在的"福"字多为镏金大字，红色的背地上衬着金色的福字，喜气洋洋，令人赏心悦目。民间的巧手艺人将一百种不同字体的福字组合在一起，组成或圆形或方形，称为"百福图"，深为民众所喜爱。另外，还有"福字灯""老福字"及"花鸟字体"等形式，多用于节日装饰、画稿、建筑、雕刻等处。

（3）蝙蝠与吉祥

蝙蝠是一种能飞翔的哺乳动物，形状似鼠，又名仙鼠、飞鼠，喜于夜间飞行，捕食蚊蚁等小昆虫。蝙蝠成为吉祥寓意，是因为"蝠"谐音"福"。在中国，福是最重要的吉祥寓意，因此蝙蝠在吉祥图案中大行其道，翩翩展示其吉祥寓意。

在很多诗词、故事、寓言、传说中，蝙蝠都是被描写的对象。因"蝠"与"福"谐音，人们以福表示福气，蝙蝠便成了好运与幸福的一种吉祥象征物。人们把蝙蝠形象加以变形，使它的形象美轮美奂、姿态万千。"福在眼前"的图案有时表现为钟馗挥剑，一只蝙蝠在眼前飞舞，有时表现为蝙蝠与一枚古钱放在一起，古钱是空方外圆，借空为眼，钱与前同音，亦称眼前是福，或表现为童子头上一只蝙蝠飞舞。这种吉祥图案不仅用于年画，还多见于圆雕动物件及玉牌子。"福寿三多"即一蝙蝠、一桃、一石榴或莲子放在一起。《庄子·天地》尧观乎华，华封人曰："嘻，圣人。请祝圣人：使圣人寿。"尧曰："辞。""使圣人富。"尧曰："辞。""使圣人多男子。"封人曰："寿，富，多男子，人之所欲也。女独不欲，何邪？"尧曰："多男子则多惧，富则多事，寿则多辱。是三者，非所以养德也，故辞。"古人因以"三多"（多福多寿多男丁）为祝颂之词。石榴取其子多之意，莲子乃连生贵子之意。"引福归堂"表现的是钟馗右手持扇，上面书写"引福归堂"四字，左手挥剑，一只蝙蝠在眼前飞舞。与引福归堂类似的吉祥图案还有"福从天降"，描绘一娃娃伸手状，上有一飞蝠。以天空飞舞的蝙蝠即将落到手中，寓意为福从天降、福自天来、天赐洪福等。"福寿双全"为蝙蝠一、寿桃一、古钱二。有的还有一些其他吉祥品。这些图案都表示古代人心底里希望幸福、富有和长寿之意。或者两只蝙蝠，两个寿桃，也称为福寿双全。"福增贵子"中蝙蝠、桂花表达的是福增贵子的寓意。桂花的"桂"与"贵"同音，喻义"贵子"。旧时代，人们认为添子是"福"。生下男孩，邻里亲朋都前往祝贺，"福增贵子"便是此种用意的吉祥图案。"流云百福"是由云纹、蝙蝠组成的图案，云纹形似如意，表示绵延不断。流云百福即百福不断之意。"三多九如"图案中蝙蝠、寿桃、石榴表示福多、寿多、子多，如意表示九如。《诗·小雅·天保》云："如山如阜，如冈如陵，如川之方至，以莫不增……如月之恒，如日之升，如南山之寿，不骞不崩，如松柏之茂，无不尔或承。"诗中连用九个如字，有祝贺福寿延绵不绝之意。此图在玉件、玉牌中也多有出现。"福至心灵"是由蝙蝠、寿桃、灵芝组成的图案。桃为寿而其形似心，借灵芝之灵字，表示幸福的到来会使人变得更加聪明灵气。

表达福气的吉祥图案还有很多，如"牡丹""宝相花""四君子""如意纹""祥云纹""古玉纹""四艺纹""八吉祥""火纹""水纹""五毒纹""方胜纹""博古纹""阿福图""吞口纹""四灵图"等等。各种纹样组合起来表示福气的还有"平升双福""福缘善庆""翘盼福音""纳福迎祥""五福和合""福寿如意""万事如意""四季平安""富贵万代""太平有象""百事大吉""岁寒三友""三阳开泰""一团和气""万象更新""五谷丰登"等等。

2. 禄

禄寓意高官厚禄，主要包括仕途、俸禄、功名利禄、出人头地、荣华富贵等。读书出仕、升官发财、封妻荫子、光宗耀祖是旧时文人读书的一个重要动力。"禄"在六书中属形声字，从示，录声，本义是福气、福运。《说文解字》中解"禄，福也"。《诗经·小雅·瞻彼洛矣》有"福禄如茨"。

《汉书》载"身宠而载高位，家温而食厚禄"。加官进禄不仅是旧时为官者朝思暮想的事情，也是家长望子成龙的心愿。吉祥图案中，有大量与"禄"相关的内容，如辈辈封侯、马上封侯、官上加官、加官晋爵、二甲传胪、连中三元、青云得路、鲤鱼跳龙门等等。

（1）禄神与吉祥

禄神源自禄星，《史记·天官书》说文昌宫的第六星专掌司禄之禄星。后来，禄星逐渐转化为禄神。古时候士人们寒窗苦读就是希望谋求官位，升官发财，因此也就不难理解人们为何如此崇拜禄神了。

禄神在风俗画、吉祥图案中十分流行，民间也备受欢迎。"加官进禄""马上封侯""平升三级"等吉祥词语就是很好的说明。

（2）鹿与吉祥

《诗经·小雅·鹿鸣》有："呦呦鹿鸣，食野之苹；我有嘉宾，鼓瑟吹笙。"大宴群臣宾客的诗篇，以鹿鸣起兴，表达了祥和之义。鹿具有美丽的外形和温驯的性格，被看做善灵之兽，可镇邪。鹿与"禄"谐音，象征着吉祥富裕，又象征着帝位，还象征着长寿。

鹿象征着吉祥、富裕。民间吉祥图案中，以"鹿"代"禄"由来已久。一百只鹿在一起称为"理禄"，鹿和蝙蝠在一起称作"福禄双全"，鹿和福寿在一起表示"福禄寿"，鹿和鹤在一起表示"六合同春"，两只鹿在一起表示"路路顺利"等等。

正因为禄与爵位有关，古代青铜器爵也成为吉祥物。爵为古代酒器，后演化为礼器，盛行于商代和西周。《诗经·小雅·宾之初筵》："酌彼康爵，以奏尔时。"《礼记·礼器》云："宗庙之祭，贵者献以爵。"后世爵成为较高地位的象征，成为祝愿官运亨通、飞黄腾达的吉祥物。吉祥图案中，有一童子向天官献爵，称为"加官进爵"。

表示禄的吉祥图案还有很多，如"鲤鱼纹""五瑞图""八骏图""狮子纹""龙凤纹"等等。带有吉祥含义的还有"百鸟朝凤""凤戏牡丹""喜报三元""丹凤朝阳""一品当朝""一路连科""一甲一名""二甲传胪""冠带流芳""马上封侯""红顶花翎""金榜题名""玉树临风""魁星点

福禄寿喜

斗""海水江涯""五子登科""带子上朝""旭日东升""平升三级""禄位高升"等等。

3. 寿

寿，意为高寿，长命百岁。长寿幸福，是人们追求的目标。《诗经·天保》："如南山之寿，不骞不崩；如松柏之茂，无不尔或承。"这是群臣祝福君主的诗篇。在《尚书·洪范》中，寿为五福之首。

(1) 寿星与吉祥

寿星，是汉族神灵崇拜之一，又名老寿星、南极老人。《史记·天官书》曰："南极老人。老人见，治安；不见，兵起。"《宋史·吉礼注》："'秋分日，祭寿星于南郊。寿星，南极老人星也。'《尔雅》云：'寿星，角、亢也。'《注》云：'数起角、亢，列宿之长，故云寿星。'唐开元中，特置寿星坛，常以千秋节日祭老人星及角、亢七宿。请用祀灵星小祠礼，其坛亦如灵星坛制，筑于南郊，以秋分日祭之。"寿星不仅是长寿的象征，也是天下安泰象征。所以，人们顶礼叩拜，祭之以求延寿、幸福。清代翟灏撰《通俗编》云："世俗画寿星像，头每甚长。"

古时民间的寿星有男女之分。男为南极仙翁像，女为麻姑献寿图。麻姑事迹，最早见于葛洪《神仙传·麻姑传》："麻姑是好女子，年十八九许……麻姑自说云：'接待以来，已见东海三为桑田。向到蓬莱，水又浅于往者会时略半也，岂将复还为陵陆乎？'""已见东海三为桑田"句极言麻姑寿命之长。民间一说麻姑成为寿星是与王母娘娘寿诞有关。传说三月三日是王母娘娘诞辰日，届时举办蟠桃大会，各路神仙齐来祝寿，麻姑以灵芝所酿寿酒献给王母，由此

被王母封为女寿仙。"麻姑献寿图"则完备地反映了这一传说内容：画中的麻姑貌美如花，作腾云驾雾状，双手托盘，盘盛美酒一壶，仙桃数枚；抑或肩荷一细竹枝，枝上挂一壶美酒，一童子背负一仙桃相伴左右。而现在我们所见寿星画像，则是一位慈祥老翁。在各种吉祥画中，仙翁弯腰弓背，身量不高，慈眉悦目，笑逐颜开，白须飘逸，一手拄着龙头拐杖，一手托着仙桃，最突出的

古代生活习俗

是有一个凸长的大脑门，身边还常常有一仙童相伴。有时他还骑在仙鹿上，集福禄寿于一身。

（2）仙鹤与吉祥

鹤在中国文化中占有重要的地位，它跟仙道和人的精神品格有着密切的关系。现实中的鹤外形像鹭，喙、翼、腿很长，能飞，羽毛白色或灰色，常活动于水际或沼泽地带，食各种小动物和植物。

鹤象征长寿由来已久。《诗经·小雅·鹤鸣》中有："鹤鸣于九皋，声闻于野。"《淮南子·说林训》："鹤寿千岁，以极其游。"古人以鹤为长寿的仙禽，且多知往事。人们常用"鹤寿""鹤龄""鹤发童颜""松鹤延年"等祝人长寿，益寿延年。吉祥图案中，常以鹿鹤配以松柏常青之树，寓意同春，亦有富贵长寿之说。"鹤"与"合"谐音，鹿与鹤在一起，谐音为"六合"，故有六合同春之意。鹤常常与松、石、鹿、龟同时出现，龟鹤一起叫"龟鹤齐龄"，鹤立于松叫"松鹤长春"等等，都是祝寿贺吉之意。

（3）灵芝与吉祥

古人以灵芝为瑞草、仙草。灵芝一年开花三次，故又称三秀。它与蘑菇相近，色深有光泽，传说食之能长生不老、起死回生，古代用来象征祥瑞。据传，上等灵芝为车马形，中等灵芝为人形，下等灵芝为六畜形，其中能得车马芝而食者可乘云驾雾。在吉祥图案中，常常把灵芝同兰花放在一起，比喻君子之交；也有画着一只鹿嘴里衔着灵芝的，表示为人祝寿。

（4）寿桃与吉祥

桃原产中国，具有中国的文化特色。在民俗、宗教、审美观念中都有其重要文脉。桃被普遍作为长寿的象征，称为寿桃。传说中有一种仙桃，食之可以长寿。这种仙桃三千年开花，三千年结果，三千年成熟，食一果可增寿六百年，桃树在西王母的花园里。当仙桃成熟时，西王母就邀请所有的神仙到她宫中举行蟠桃宴会。桃树为五木之精，能压伏邪气，所以鬼畏桃木。《山海经》："东海中有册焉，名曰度索，上有大桃树，屈蟠三千里。东北有门，名曰鬼门，万鬼所聚也。天帝使神人守之，一名神荼，一名郁垒，主阅领万鬼。若害人之鬼以苇索缚之，射以桃弧，投鬼食之。"《左传·昭公十二年》亦载："昔我先王熊绎，辟在荆山，筚路蓝缕，以处草莽。跋涉山林，以事天子。唯是桃弧棘矢，以共御王事。"说明桃木的功能从实用的弓弧逐渐变成了受人崇敬的神器。

祝寿的吉祥图案还有很多，如"水仙纹""竹纹""牡丹纹""蔓草纹""万年青""龟背纹""八卦纹""五岳图""蝉纹""葡萄纹""回纹""盘长纹""寿石纹"等等；在吉祥图案中，寿桃常常与其他事物一起共同表示吉祥寓意，如"天仙拱寿""代代寿仙""芝仙祝寿""群仙祝寿""春光长寿""寿山福海""万寿长春""贵寿无极""长生不老""寿桃舞鹤"、"富贵耄耋""五福同寿""满堂富贵""麻姑献寿""八仙祝寿"等等。

4. 喜

"喜"在六书中属会意字，在甲骨文中，上面是"鼓"，下面是"口"，"鼓"表示欢乐，"口"表示发出笑声。"喜"的本义是快乐、高兴。喜事是一个很宽泛的概念，与吉祥美好相联系。人们常常把喜字与其他相关字连在一起组词，如"喜乐""恭喜""欢喜""喜气""喜庆""喜爱""喜兴""喜悦"等等。

喜寓意喜庆、爱情、婚姻、友谊等，欢乐高兴、喜气洋洋是其基本表达。喜类型图案主要由喜鹊、喜蛛、獾、梅花、梧桐、狮子等组成。狮子常常出现在喜庆的图案中，逢年过节人们常会表演狮舞以驱邪添喜——图案内容一般为狮子滚绣球、太师少师等，现在这种"狮舞"在民间依然流行。

（1）喜神与吉祥

人们为了表达对欢乐喜庆的追求，便将这种情感寄托于造出的喜神身上，

赋予这个形象情感和神圣的使命，期盼能够给人们带来欢喜快乐。开始时喜神没有具体形象，所在方位每年都在不断变换。在民间确定喜神的方位，人们的看法不一。有的人认为看喜鹊巢入口可以确定喜神的方位；还有百姓认为，公鸡叫的方向是喜神所在的方位。在民俗中，有以干支推演喜神方位的做法。清朝乾隆时，皇帝下令编撰了《协纪辨方书》以确定喜神方位，方法是："喜神于甲巳日居艮方，是在寅时；乙庚之日则居乾方，是在戌时；丙辛日则居坤方，是

在申时；丁壬日则居离方，是在午时；戊日
居巽方，是在辰时。"吉祥图案中喜神的形
象是画一官人左手执节板，右手托带喜字的
宝盒，身边一童子肩扛写有"双喜临门"的
伞盖，一派祥和和喜气洋洋的气氛。

（2）喜鹊与吉祥

喜鹊是一种代表喜事的鸟，它被视为喜
庆的象征。崇拜喜鹊是中华民族的重要信仰
之一。柯尔克孜族认为喜鹊是传递吉凶信息
的神鸟；满族、赫哲族的萨满信仰中都有喜鹊的神化形象。满族称喜鹊神为
"沙克沙恩都里"，说此神是天神派到人间专司通报吉凶祸福的神，天神赐给他
五千只喜鹊，供他打探消息，报喜除忧。他常与恶魔战斗、消除瘟疫、降伏风
火、被供奉为喜神。

文人墨客常在文学作品中描写喜鹊。北宋晏几道在《蝶恋花》中写道"喜
鹊桥成催凤驾，天为欢迟，乞与初凉夜。乞巧双蛾加意画，玉钩斜傍西南挂"。
金代王庭筠在《谒金门》有中"双喜鹊，几报归期浑错。尽做旧愁都忘却，新
愁何处着？瘦雪一痕墙角，青子已妆残萼。不道枝头无可落，东风犹作恶"。诸
公赋诗，韩驹子苍待制时为校书郎，赋诗二章曰："君王妙画出神机，弱羽争
巢并占时。想见春风鸂鹊观，一双飞上万年枝。""舍人簪笔上蓬山，辇路春
风从驾还。天上飞来两乌鹊，为传喜色到人间。"

在吉祥图案中，常常把喜鹊同其他形象组成别有新意的图形。如两只喜鹊
画在一起称为双喜；喜鹊与梧桐画在一起，表示同喜；"喜报三元"的图案是
一只喜鹊啄米，三个孩童观看喜鹊；也有画喜鹊三、桂圆三或元宝三的。明代
科举以殿试之前三名为三元，即状元、榜眼、探花；而科举制度的乡试、会试、
殿试之第一名为解元、会元、状元，合称"三元"。三元是古代文人梦寐以求、
升腾仕途之阶梯。喜鹊是报喜之吉鸟，用三个桂圆或三个元宝喻"三元"，寓意
"连中三元"。"喜报三元"也称"三元及第"，这是对参加科举的人的吉利赠言
或贺词，是表示一种希望和向往升腾的图案。与此图案寓意相近的还有喜鹊、
莲、芦图案，表达一路连科和喜得连科寓意，祝贺连连取得应试好成绩。"喜
上眉梢"表现的是梅花枝头站立一两只喜鹊。古人认为喜鹊能报喜，故称喜鹊。

两只喜鹊为双喜之意。梅与眉同音，借喜鹊登在梅花枝头，寓意喜上眉梢、双喜临门、喜报春先。喜上眉梢、喜鹊登枝的图案品种还有很多，如两只鹊儿面对面叫"喜相逢"；一只獾和一只喜鹊在树上树下对望叫"欢天喜地"。流传最广的，则是鹊登梅枝报喜图，也称"喜上连连""喜上眉梢""喜上枝头"等。

表现喜气的吉祥图案还有很多，如"四喜图""喜上加喜""连生贵子""并蒂同心""喜从天降""喜气满堂""欢天喜地""龙凤呈祥""麒麟献瑞""双喜鸳鸯""彩蝶并飞""花好月圆""凤红牡丹""丹凤朝阳""鲤鱼红莲""百年好合""榴开百子""喜占春魁""葫芦生娃""和合二仙"等等。

最能概括反映中国人对福禄寿喜追求的民俗物品莫过于门笺。笺，亦称挂千、花纸等，是我国传统的住宅装饰物。关于门笺，民谣里有这样的描绘："四四方方一块板，沥沥拉拉胡椒眼。上边写着万寿年，沥沥拉拉尽大钱。"四句话，将门笺的形状、繁密镂空的特征、内容作了高度的概括。门笺中心部位还有装饰，民间艺人称之为"堂子"，主要内容有花鸟虫鱼、八仙、福禄寿三星等，有些高明的艺人会刻成"连钱""万字""回纹"等。在我国北方农村，每到新春佳节，家家户户除了贴年画、写春联，还要在大门、房门之上贴挂五颜六色的"门笺"；商铺门口也要悬挂诸如"万寿长春""财喜临门""进财宝""宝聚财丰"的文字配以"花篮形""宝盆形""元宝形""财神形"等图案花纹。门笺既增添了除旧迎新的节日气氛，又表达了对新的一年幸福吉祥的愿望。门笺的主要题材有"普天同庆""万象更新""恭贺新禧""五福临门""连年有余""四季平安""福禄寿喜财"等吉祥文字。门笺采用红色，象征吉祥兴旺、丰收喜庆、四季平安。挂笺上的图案以谐音、象征、寓意的手法，表达了民众祈求年丰人寿、生活幸福的目的。

民间吉祥图案，是在中国古代农耕文明的基础上产生的，它充分反映了中国民众的人生观和幸福观，它从整体上表现了一个理想世界：君贤臣忠、天下太平、国泰民安、物阜民丰、风调雨顺、种族繁衍、健康长寿、万事顺心……具体来说，主要是中国民众对于福、禄、寿、喜、财、平安（安居乐业、国泰民安、天下太平）等等涉及现实人生幸福的理解、祈盼和想象。长寿康宁、安享天年的祈愿，多子多福、儿孙满堂的天伦之乐，科举高中、出人头地的仕宦之途……凡现世人生所有可能的美好愿望，吉祥图案都给与了淋漓尽致的欲望表达。

（四）书法艺术与祥瑞文化

中国书法的艺术魅力举世闻名，无论是宏幅巨制还是精致小品，笔端流露出天马行空般的盘折屈曲，玉工琢玉般的点画精微，都是中国人的独创，更是世界艺术宝库中璀璨的明珠。

书法是中国人的性格体现，或可情意内敛、外示敦厚、以柔克刚；或可放浪形骸之外，真情挥洒、不拘点墨、敢恨敢爱。在书法创作方面，既有张旭、黄庭坚、傅山等性格外向的大草书艺术，也有虞世南、蔡襄等性格内敛的楷书艺术。这些人的作品以不同的性格从多个侧面、多角度地展示了中国书法的审美取向，外向者表现的是狂风暴雨、奔放开张，恰如"飒飒惊风泣鬼神"，与"白发三千丈，缘愁似个长""气蒸云梦泽，波撼岳阳城"的诗境契然相合；而内向者表现的则是雨夜疏窗、品茗饮酒，好似"山中无历日，寒尽不知年"，与"或取诸怀抱悟言一室之内"的文意暗合仿佛。书法同时也是人们情感的自然流露，无论是喜是悲，高标自许或是沉郁幽远，都能自出胸臆、淌出笔端。欣赏品味古往今来的大量名帖巨迹，无不为这些名家的情感之笔所感染、所震撼！如颜真卿的《大唐中兴颂》豪迈大气，《祭侄季明文稿》的悲情跌宕；苏东坡写《黄州寒食帖》时流露出的百感交集和困窘之情感；书圣王羲之挥洒的千古名帖《兰亭序》更是以超然出尘、洒脱不拘生死的豁达之情，弥漫于字里行间……

中国人写书法是以情寄书，以书出意，以意劝慰自己，充分达到了达情表意目的。艺术来源于生活而又高于生活，文字记载了历史，而书法又美化了文字，使人们的生活充满了情趣和快乐。古人有"喜则画兰，怒则画竹"之说，虽然是谈绘画，但与书法有异曲同工之妙。为人贺寿，送幅"寿"字，相信比送些俗物更有意义，新人百年好合送幅"喜"字，更能表达人们祝福的心情，文人书斋悬挂的一幅幅书法作品，不仅情景合理还能平添一股书卷之气，何乐而不为？书法是雅俗共赏的艺术品，从春节对联以及民间喜爱的"福、禄、寿、喜"等书法作品，都最直接地表达了人们的情感。

"福、禄、寿、喜"四字在书法艺术中的历史源远流长，在先秦及秦代文字中就有了它们的身影，这四个深受人们喜爱的吉祥字也随着历史的发展而不断变化完善。

1. 先秦及秦代文字中的"福、禄、寿、喜"

从西安半坡出土陶器上的刻画符号，到商周时期的甲骨文、金文以及秦统一六国后颁行的小篆，我们可以清晰地看到文字的产生和发展历程。

书法成为具有审美价值的作品，结构、点画是其重要的组成部分。甲骨文已经具备修饰与程式化书写的意义，只是由于现存的大量甲骨文都是用尖利的

工具刻成，难以窥探当时书写的全貌。因此，甲骨文的书法更多地是追求那种刀刻的艺术效果。秦朝统一六国，"车同轨，书同文"。从秦代开始，出现了石刻的文字。这对书法艺术来讲，甲骨文、金文都因制作的程序过多，泯灭了许多"书写"的味道，而石刻的文字，书写之后直接刻就，极大地保留了书写的趣味。

这一时期"福、禄、寿、喜"在各种铭文中频繁出现。如《墙盘铭文》

拓片及其中的"福"字，《王子午鼎铭文》及其中"福"字，《大盂鼎铭文》拓片及其中"福"字，《仲考父壶铭文》中的"福"字，《虢叔钟铭文》中的"福"字，《齐侯钟铭文》中的"福"字，《史项鼎铭文》中的"福"字，《迟父钟铭文》中的"福"字，《虢姜敦铭文》中的"福"字，《翼师盘铭文》中的"福"字，甲骨文中的"禄"字，《铜敦铭文》中的"禄"字，《颂鼎铭文》中的"禄"字，西周时期《钟上铭文》中的"禄"字，《伯顾文鼎铭文》中的"禄"字，西周晚期《戎生编钟铭文》中的"寿"字，《寿尊铭文》中的"寿"字，《古陶铭文》中的"寿"字，《陈侯鼎铭文》中的"寿"字，《颂鼎铭文》中的"寿"字，《和钟铭文》中的"寿"字，《颂敦铭文》中的"寿"字，《无专鼎铭文》中的"寿"字，《小克鼎铭文》中的"寿"字，《鲁伯大父敦铭文》中的"寿"字，《邓公子敦铭文》中的"寿"字，《姜敦铭文》中的"寿"字，《兵史鼎铭》文中的"寿"字，《西周井叔钟之铭文》中的"喜"字，《卫鼎铭文》中的"喜"字，《多父盘铭文》中的"喜"字，古陶上的"喜"字，古砖上的"喜"字，《联敦铭文》中的"喜"字，《叔丁宝林钟铭文》中的"喜"字，《商代铜钟铭文》中的"喜"字，西周《铜钟铭文》中的"喜"字，《宝林钟铭文》中的"喜"字，《青铜钟铭文》中的"喜"字等等，这些铭文中的"福、禄、寿、喜"文字表现了各种不同的风格特点。

2. 两汉时期文字中的"福、禄、寿、喜"

两汉时期书法的特点是：飞动昂扬的质朴与华丽。汉代隶书的出现是划时代的大变革。但是，我们今天从学习书法的角度来看，最为人称道的还是汉代的隶书和章草。

章草兴起于秦末汉初，属于隶书的草写。早期的草书，又被成为隶草、章草、古草等，由于它字形独立、不相连绵、波磔分明、劲骨天纵，既飘逸洒落又蕴含朴厚的意趣，所以深得后世人们的喜爱。隶书始于秦代，成熟并通行至汉魏。西汉的隶书流传至今者，散见于铜器、石刻、砖瓦和竹木简。早期的隶书，大多书风古朴，此后为了适应美观的要求，化直笔为波挑，去质而从文。东汉的隶书承接了西汉以来的古朴之风，变化得愈加华丽多彩，存世的作品很多，风格迥异，流派纷呈。其中较为著名的作品如史游《急就章》及其中的"福"字，汉《礼器碑》中的"寿"字，汉《曹全碑》中的"福""禄"字，马王堆帛书的"福"字，《西狭颂》中的"福"字，《汉成阳灵台碑》中的"福"字，《开母石阙》中的"福"字，《白石神君碑》中的"福"字，《景君碑》中的"福"字，汉《礼器碑》中的"福"字，汉《史晨前后碑》中的"福"字，汉《西岳华山庙碑》中的"福"字，汉《夏承碑》中的"禄"字，汉《朝侯小子碑》中的"禄"字，各式汉印中的"禄"字，各式汉印中的"寿"字，汉《封龙山碑》中的"寿"字，汉《娄寿碑》中的"寿"字，《史晨碑》中的"寿"字，汉《张寿碑》中的"寿"字，汉《尹宙碑》中的"寿"字，以及汉代瓦当中的各式"寿"字。

铜镜上出现文字远远晚于图案出现的时期，两汉时期铸镜上的文字内容最为丰富。汉代"与天相寿，与地相长，富贵如言，长毋相忘"铭铜镜中，汉铭文以镜钮为中心排成四方形，体现了西汉初期社会各阶层渴望安居乐业，追求生活安定、亲人团聚的思想，流露出思念亲人的愿望。汉代"长年益寿吉而祥"铭文铜镜中，铭文以镜钮为中心，环形单圈排列："冶炼铅华清而明，以之为镜宜文章，长年益寿吉而祥，与天地乐而日月光"，体现了西汉晚期经"文景之治"后，国力昌盛、人民富足。同时人们赋予了普通鉴容的铜镜以更神秘、更深远的含义。人们将冶炼出的铅金属涂在铜镜表面，这样制出的铜镜不仅可使人文思敏捷，文采焕然，还可使人延长生命，避免灾难的发生，使我们向天地一样长久地生活下去。这只是两汉时期铜镜上有"寿"的两个代

表，此时的"寿"字，已脱离了远古时期的原始含义，长久之意义又向前推进一步，赋予了长久的祝福。

3. 三国、两晋、南北朝时期文字中的"福、禄、寿、喜"

两晋时代特别是东晋，在中国书法史上是一个不同寻常、惊天动地的时期。它的不同寻常在于以往都是以器物上镌刻的文字和石碑上的文字作为书法研究

和书法欣赏的对象，而从这一时期开始，我们可以真正欣赏到木简以外的墨书文字了。两晋之后，书法在南北朝时期形成了双峰对峙的局面，一方面是石刻与翰札的区别，另一方面则是工匠层与文化层的区别。这种区别在书法演变的历史进程中，并不是截然对立的，既有相互影响浸润也有自身嬗变的可能。总体来说，南朝的书法偏重于圆熟而不离传统，北朝则偏重于拙重生辣，体现了刀笔并重的趣味。

这一时期的"福、禄、寿、喜"频繁出现在各种流派书法家的作品中。如王羲之《兴福寺碑》中的"福"字，王羲之《集字圣教序》中的"福"字，王羲之《三希堂法帖》中的"福"字，王羲之《大观帖》中的"福"字，《刘均造像》中的"福"字，《晖福寺碑》中的"福"字，《孙秋生造像记》中的"福"字，王羲之《兰亭序》中的"禄"字，魏《刁遵墓志》中的"禄"字，王珣《伯远帖》中的"禄"字，魏《元怀墓志》中的"禄"字，《元略墓志》中的"禄"字，《高贞碑》中的"禄"字，《李璧墓志》中的"禄"字，《张玄墓志》中的"禄"字，王羲之《兴福寺碑》中的"禄"字，王羲之《淳化阁帖》中的"禄"字，陆机《平复帖》中的"寿"字，王羲之《兴福寺碑》中的"寿"字，王羲之《淳化阁帖》中的"寿"字，王羲之《澄清堂帖》中的"寿"字，晋代谢安书法作品中的"喜"字，北魏《张猛龙碑》中的"喜"字，王羲之《淳化阁帖》中的"喜"字，王羲之《十七帖》中的"喜"字。

4. 隋唐时期文字中的"福、禄、寿、喜"

唐代的书法艺术，是中国书法史上最辉煌灿烂的一章，犹如它的姊妹艺术——诗歌一样，群星闪烁、人才辈出。唐代的书法可以简单地概括为楷书和

福禄寿喜

草书。后世评论唐代书法其宗旨是"尚法"。对"法"的理解，似乎更应该从精神方面去认识，而不能拘泥于形式。纵观唐代楷书，各家有各家的风格、特点，随至颜、柳而终结，但对"法"的理解确是一以贯之的。唐代楷书与草书，一端庄一浪漫，一严谨一释放，就像唐代的建筑和诗歌，给人们带来了无尽的精神享受。

这一时期各式"福、禄、寿、喜"字的范例有：智永《真草千字文》中的"福"字，隋文帝杨坚《慧刚法师帖》中的"福"字，《龙藏寺碑》中的"福"字，唐高祖李渊《过午帖》中的"福"字，欧阳询《九成宫醴泉铭》拓片中的"福"字，欧阳询《化度寺碑》中的"福"字，欧阳询《行书千字文》中的"福"字，张旭《严仁墓志》中的"福"字，孙过庭《草字汇》中的"福"字，怀素书写的各式"福"字，颜真卿《多宝塔碑》中的"福"字，唐太宗《晋祠铭》中的"福"字，怀仁《集王书圣教序》中的"福"字，柳公权《金刚经》中的"福"字，颜真卿《祭侄季明文稿》中的"禄"字，欧阳询《千字文》中的"禄"字，颜真卿《郭虚己墓志铭》中的"禄"字，颜真卿《颜家庙碑》中的"禄"字，智永墨迹本真草《千字文》中的"禄"字，颜真卿《告身帖》中的"禄"字，欧阳询《张翰帖》中的"禄"字，孙过庭《书谱》中的"禄"字，虞世南《孔子庙堂碑》中的"禄"字，柳公权《神策军碑》中的"寿"字，颜真卿《东方朔画赞碑》中的"寿"字，柳公权《玄秘塔碑》中的"寿"字，褚遂良《孟法师碑》中的"寿"字，褚遂良《雁塔圣教序》中的"寿"字，欧阳询《化度寺碑》中的"喜"字，柳公权《玄秘塔碑》中的"喜"字，虞世南《孔子庙堂碑》中的"喜"字，欧阳询《化度寺碑》中的"喜"字，欧阳询《仲尼梦奠帖》中的"喜"字。

5. 两宋时期文字中的"福、禄、寿、喜"

此前唐代尚法的书法已经走到了极致，无论是法度森严的楷书还是浪漫挥洒的草书，即便是行书也难令宋人突破唐人的樊篱，因此这一时期的书法转向"尚意"，成就彰显个性的时代，在中国书法史上写

下了浓墨重彩的一笔。此外，宋代的绘画的发展也促进了姊妹艺术的发展，尤其是文人画的兴起，更是为书法的发展起到了推波助澜的作用。

这一时期的各式"福、禄、寿、喜"字范例很多，如宋代赵构《千字文》及其中的"福"字，苏洵《三希堂法帖》中的"福"字，蔡京《三希堂法帖》中的"福"字，欧阳修《三希堂法帖》中的"福"字，蔡襄《茶录井序》中的"福"字，蔡襄《自书诗》中的"福"字，苏轼《早晚饮食帖》中的"福"字，苏轼《尺牍》中的"福"字，赵佶《草书千字文》及《瘦金书千字文》中的"福"字，赵佶《千字文》中的"禄"字，黄庭坚《三希堂法帖》中的"禄"字，蔡襄书法作品中的"寿"字，米芾《蜀素帖》中的"寿"字，苏轼《新岁展庆帖》中的"寿"字，苏轼《三希堂法帖》中的"寿"字，黄庭坚《三希堂法帖》中的"寿"字，岳飞《前后出师表》中的"寿"字，赵佶《宣和御书》中的"寿"字，黄庭坚《松风阁诗》中的"寿"字，张即之书法作品中的"喜"字，苏轼书法作品中的"喜"字，蔡襄《自书诗》中的"喜"字。

6. 元代文字中的"福、禄、寿、喜"

元代书坛的复古思潮，基于宋代"尚意"书风的泛滥。因此赵孟頫提出"贵有古意"以及"盖结字因时而宜，用笔则千古不易"的正确主张，纠正了偏离传统的两宋余绪，对于匡正书法正统起了相当大的作用。在赵孟頫的诸多作品中都有"福、禄、寿、喜"的身影。如《真草千字文》《福神观记》《六体千字文》《道教碑》《光福重建塔记》《妙严寺记》中的"福"字，《五体千字文》中的"禄"字，《道德经》《妙严寺记》《停云馆法帖》中的"寿"字，《停云馆法帖》《仇锷墓碑铭》及其中的"喜"字。

7. 明清时期文字中的"福、禄、寿、喜"

明初的书坛继续着元代的复古运动，但中期以后，由于积重难返，一些有识之士开始对僵化的复古运动和刻板的"台阁体"提出批评与反思，甚至将过去取法魏晋的目光又转移到了宋代，重拾被复古运动否定的宋代革新派的书风。

清朝初期的文字狱造成政治环境的险恶和帖学的败坏，使得一些学者、书人在艰难的困境中，发现了碑版的价值，汉碑和唐碑逐渐成为取法的对象。清朝中期以后，人们在碑版中的探索逐渐扩大，魏晋南北朝的墓志造像也成为学书人学习的范本。咸丰、同治以后渐次演成波澜壮阔之势，是中国书法史上别辟路径的中性标志。这一时期较具代表性的作品有：明代王宠《自书诗》《长乐宫赋》中的"福"字，明成祖朱棣《御前真宝名经序》中的"福"字，祝允明书法作品中的"福"字，陈淳《千字文》中的"福"字，董其昌《三世诰命》《三希堂法帖》中的"福"字，赵之谦书法作品中的"福"字，吴昌硕书法作品中的"福"字，董其昌书法作品中的"禄"字，何绍基书法作品中的"禄"字，傅山书法作品中的"禄"字，唐寅《落花诗册》中的"禄"字，左宗棠书法作品中的"喜"字，徐渭书法作品中的"喜"字。

古代生活习俗

灶神、门神与财神

中国有许许多多的神话传说，这些美丽神秘的神话传说里有着不计其数的神话人物。灶神、门神和财神就是中国古典文化中三位极具代表性的民间俗神。说他们俗，那是因为他们不在高高在上的神坛上，而是走进了世俗生活中；不止皇室贵族祭拜他们，而且每一个普普通通的老百姓都会在自己的生活中祈求他们降福免灾。从祭灶神、贴门神到祭财神，无一不体现了中国人祈求安定富足生活的美好愿望。

一、三神概说

（一）灶神概说

灶神，在民间也称灶王、灶君、灶王爷、灶公灶母、东厨司命等，是我们中国古代神话传说中掌管饮食的神灵，晋代以后则成为督察人间善恶的司命之神。

灶神的"灶"，当然是指炉灶、锅灶、灶台，我们都见过。那么最原始的灶是什么样子的呢？远古时期，我们的祖先常常在住地烧起一堆堆的长明火，这就是最原始的灶了。那时的人们用它来照明、取暖、烤熟食物、防御野兽、烧制器皿。自人类脱离茹毛饮血的野蛮状态，发明用火烤熟食物以后，随着社会以及生产的发展，灶就渐渐地与人类生活密切相关了。崇拜灶神也就成为诸多拜神活动中的一项重要内容。所以《礼记·祭法》中"王为群姓立七祀"，即有一祀为"灶"，而庶士、庶人立一祀，"或立户，或立灶"。今天，中国人在大年三十围炉守岁的习俗，就是残存的原始遗风。

人们对火的自然崇拜是早期灶神产生的原因。而在秦代以前，祭祀灶神就已经成为了国家重大祭祀典礼的"七祀"之一。到了汉代，祭灶又被列为大夫"五祀"之一，并且灶神也被人格化，并被赋予新的功能。《太平御览》卷一八六引《淮南万毕术》就说："灶神晦日归天，白人罪。"郑玄注《礼记·记法》也说："（灶神）居人间，司察小过，作谴告者也。"这说明，至少在汉代，灶神已经成为督察人间过错，专向天帝打小报告，说人坏话的神了。灶神的存在，成为人们做善事、不做恶事的一大监督性的保障，具有积极的意义。

由于灶神专门打小报告，所以作为专门督察人间过错的神，他在民间备受敬畏和尊崇。

《太上感应篇》和《太上宝筏图说》中记录的一系列关于灶神的传说，大多具有奖惩性质。这些传说的目的无非是告诫老百姓不要违反灶神的禁忌，尊

敬灶神会得到很多的好处，否则就会受到严厉的惩罚。例如记载有个人多行善事、广积阴德，灶神将他的善行向天神汇报，结果老两口晚年幸福、健康长寿，家中更是有两

人科举及第，跻身官场。从以上的记载中我们可以看出当时《太上感应篇》中所记载的关于灶神的传说在民间的影响是十分大的。

　　祭灶有着广泛的社会影响，祭祀灶神成为重要的民间习俗。

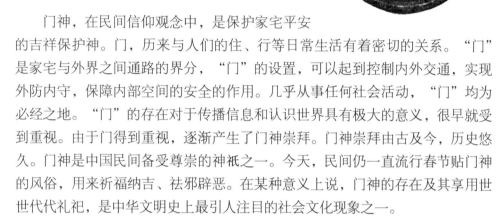

（二）门神概说

　　门神，在民间信仰观念中，是保护家宅平安的吉祥保护神。门，历来与人们的住、行等日常生活有着密切的关系。"门"是家宅与外界之间通路的界分，"门"的设置，可以起到控制内外交通，实现外防内守，保障内部空间的安全的作用。几乎从事任何社会活动，"门"均为必经之地。"门"的存在对于传播信息和认识世界具有极大的意义，很早就受到重视。由于门得到重视，逐渐产生了门神崇拜。门神崇拜由古及今，历史悠久。门神是中国民间备受尊崇的神祇之一。今天，民间仍一直流行春节贴门神的风俗，用来祈福纳吉、祛邪辟恶。在某种意义上说，门神的存在及其享用世世代代礼祀，是中华文明史上最引人注目的社会文化现象之一。

　　随着社会的发展和人们思想观念的变化，民间对于门神的要求，已不仅是辟邪免灾，还希望从他们那里获得功名利禄等。至迟在明代，武士门神像上，已常添画"爵、鹿、蝠、喜、宝、马、瓶、鞍、皆取美名，以迎祥祉"。以后便取消了门神的祛邪义务，专事祈福的，于是民间形成天官、状元、福禄寿星、和合、财神等为门神的风气。

（三）财神概说

　　财神，在中国人的心目中，是一个受到普遍欢迎的生财聚财的神仙。财，当然是指钱财、金钱。在世俗生活中，富裕发财是人们追求的一大目标，人们都向往着能过上好日子，金钱应有尽有，永远是一个大富翁。尤其是商人，对财神更是崇敬有加。他们的店铺、门头里都供有财神的塑像，明灯蜡烛，照耀着精致的神龛，以祈求财神的保佑；新年最流行的祝福语就是"恭喜发财"，这一切都显示财神崇拜就是国人祈财纳福心理的反映。

　　"人为财死，鸟为食亡"，为了达到发财的目的，真可谓八仙过海，各显神通。"天下熙熙，皆为利来，天下攘攘，皆为利往""有了千田想万田，得了银山想金山"是俗人的做法；"君子爱财，取之有道"是雅士的原则。但这些说法都从某个方面反映出了几千年来人们对钱财的狂热崇拜和追求。可以说，人人都希望自己富裕，以至于兴起了一种财富文化，这种文化的核心就是"财神"。将财神供在庙里，将财神像请入家中，正是人们求财思想的体现。各路财神承载着人们招财进宝、日进斗金的美好祈盼，寄托着人们合家富贵，人财两旺的心愿……对于财神，商人信之最笃，而对于财神的创造，他们的贡献也最大。由商人开始拜财神波及到社会各个层面，正如一副财神庙上的楹联所写："蕴玉藏珠，善贾固皆蒙乐利；心耕笔织，寒儒亦可荐馨香。"

民间财神信仰与拜财神的一个最大的特点就是：财神并非只是一个"人"，而是一群"人"。也就是说，财神是一个群体，是一个来源极不相同的各种神的集合。这种现象是极为有趣的，充分证明了财神不是某一类"财阀"或商人一家的"宠物"，而是不同阶层与不同地域的人所共同信奉的神。

月财神赵公明是正财神。日春神和月财神称为"春福"二字。日月二神过年时常被贴在门上。相传月财神姓赵名公明，又称赵公元帅、赵玄坛。在《真诰》中赵公明为五方诸神之一，即阴间之神。但唐宋及其以前诸书如干宝《搜神记》《真诰》《太上洞渊神咒经》等，皆以其为五瘟之一。直至元代成书，明代略有增纂的《道藏·搜神记》和《三教搜神大全》始称之为财神。《三教搜神大全》卷三云："赵元帅，姓赵讳公明，钟（终）南山人也。自秦时避世山中，精修至道。"后在道教神话中成为张陵修炼仙丹的守护神，玉皇授以正一玄坛元帅之称，并成为掌赏罚诉讼、保病禳灾之神，买卖求财，使之宜利。故被民间视为财神。其像黑面浓须，头戴铁冠，手执铁鞭，身跨黑虎，故又称黑虎玄坛，是中国民间供奉的招财进宝之神。

月财神下面分为辅佐财帛星君和辅佑范蠡，范蠡为文财神。

财神的起源颇难考证，所祭祀的神明也因时因地而有所不同。财神，一般认为有所谓"正财神"赵公明，"文财神"范蠡，"武财神"关羽，"偏财神"五路神、利市仙官，"准财神"刘海蟾。这些财神，又可分为文财神和武财神两大类，最为人们熟知的财神，则是"正财神"赵公明。

二、三神的流变

（一）灶神的流变

　　灶神崇拜在我国有着悠久的历史，形成了
灿烂的文化。古代中国老百姓对灶神的崇拜和
对土地、井、门户、道路的崇拜是具有相似性
的。追根溯源，最早的灶神炎帝、黄帝和祝融
是由火神、光明神演变而来的。宋代王茂《野
客丛书》卷二十引《淮南子》曰：“炎帝主于
火，死而为灶神。事始曰灶，黄帝所置。《古
史考》亦曰：‘黄帝始造釜甑，火食之道就

矣。’”东汉应劭著《风俗通义·祀典》引《周礼说》：“颛顼氏有子曰黎，为祝
融，祀以为灶神。”炎帝和祝融就是中国古代神话传说中的火神。炎帝之“炎”
的意思是火焰上升。至于祝融，名重黎，高阳氏颛顼之后，是司火之官，以光
明四海而被称作祝融，后世祀之为火神。现在有的人还称火灾为“祝融之灾”，
就是这个原因。关于黄帝，除了上述引文，明代冯应京撰写的《六家诗名物疏》
第四十一卷亦引《淮南子》言：“黄帝作灶，死为灶神。”黄帝之“黄”，《释
名·释采帛》说：“黄，晃也。犹晃晃象日光色也。”可见，黄帝原本是光明之
神。自然崇拜是灶神崇拜的最基础、最根本的根源，这种根源与当时落后的社
会生产力以及人们较窄的视野有着密切的联系。

　　灶神的形象在不同的典籍之中记载各异。秦汉的典籍中，灶神的形象多为
先炊老妇。宋卫湜之《礼记集说》卷四十一：“孔氏曰：‘案少牢及特牲礼，
皆灶在庙门外之东西面北上。’郑注：……此配灶神而祭者，是先炊之人。《礼
器》云：‘灶者是老妇之祭’。”灶神是先炊老妇的说法也见诸《仪礼·特牲馈食
礼》《五礼通考》等古书。汉郑玄撰《驳五经异义·灶神》驳斥灶神为火正之陈
见：“古《周礼说》，颛顼氏有子曰黎，为祝融火正，祝融为灶，姓苏名吉利，
妇姓王名搏颊。谨按《月令》，孟夏之月其祀灶，五祀之神，王者所祭，非老妇

灶神、门神与财神

也，同《周礼》。驳曰：祝融乃古火官之长，犹后稷为尧司马，其尊如是，王者祭之，但就灶陉，一何陋也！祝融乃是五祀之神，祀于四郊；而祭火神于灶陉，于礼乖也。"可见，郑玄认为祭祀火神祝融于礼不合，灶神当为老妇。不过郑玄的思想后来似乎有所变化，他在《驳五经异义补遗·灶》中说"灶神祝融是老妇"。认为灶神实为女性，这是国内外不少民族共有的现象。我国鄂温克族就认为灶神是位老婆婆；赫哲人敬称灶神为"佛架妈妈"；满族则认为灶神是一位穿红袍的老妪。在西伯利亚各民族中，司灶的神灵大多为女性，如吉利亚克人的火婆婆，纳乃人、阿尔泰人的火妈妈，埃文克人的火外婆婆等。这种情况的出现，有着其特定的历史原因，可能与妇女的居家生活职能有着密切关系，是广大人民美好的期盼和憧憬。

值得关注的是，种火老母是道教经典中的灶神形象。这种形象出现的时间是在东汉以后。下面我们来看一下道教经典的相关记载。《太上灵宝补谢灶王经》宣称："昔登昆仑之山，有一老母独处其中……惟此老母，是名种火之母，能上通天界，下统五行，达于神明，观夫二炁，在天则为天帝，在人间乃为司命。又为北斗七元使者，主人寿命长短，富贵贫贱，掌人职禄。又为五帝灶君，管人住宅，十二时辰，普知人间之事，每月朔日记人造诸善恶及其功德，录其轻重，夜半奏上天曹，定其簿书，悉是此母也。凡人家灶皆有禁忌，若不忌之，此母能致祸殃，弗可免也。"这是说昆仑山上的种火老母神通广大，在人家中则为司命灶君，监察人间善恶，记录并禀告天曹，决定凡人寿夭。由以上记载可以看出，种火老母这个神灵形象有着特定的原型，她似乎是将火神信仰与先炊信仰糅合起来的产物，并且职能也发生了相应的变化，肩负司火、司饮食，督察每家每户之善恶祸福的双重职责。

除上述灶神形象之外，还有其他的灶神形象。古籍中还记载有许多其他不同名号的灶神。唐代段成式《酉阳杂俎》说："灶神名隗，状如美女。又姓张名单，字子郭，夫人字卿忌，有六女，皆名察（一作祭）洽……一曰灶神名壤子。"明代徐应秋《玉芝堂谈会》卷十三则说："灶神苏吉利，妻王氏，名搏颊。"明末清初方以智《通雅》卷二十一《姓名》"郭禅灶神"条则说："灶神名禅，

古代生活习俗

108

字子郭，不言姓郭……元瑞云：灶神姓张名单，字子郭，夫人字卿忌。一曰灶神名壤子。广济历曰伏龙。《庄子》灶有髻。"从这些引文中，我们可以发现古书谈到的灶神另有张单、张禅、苏吉利；又有姓氏不详，名隗、壤子者；还有伏龙之称法以及有发髻之形象者。在其中，如果我们细心查看，就能发现如下问题，即张单、张禅，同姓同字，由此我们猜测这可能是同一个人物，原因是"单""禅"因为字形相近而讹误相传至今。据考证，现在民间灶台上供奉的灶王爷大多是张单。

　　中华文明五千年，我国自古流传着多种多样的美丽传说。至于民间传说中的灶神形象就更多了：有负心张郎变为灶王，负心李郎变灶王，火之精宋无忌变为灶王，穷鬼懒汉张氏、姚瞎子、鸦片烟鬼变成灶王等种种故事。不一而足，我们就不加列举。灶神之由来从火神、光明神渐渐演化为种火老母，再到各种形象，其职责也发生了相应的变化：由掌管饮食到掌管人间的吉凶祸福。这些变化反映出灶神崇拜的自然属性逐渐减弱，社会属性逐渐增强；灶神形象的多元变化也反映出信仰者宗教观念趋于多元。我们认为，这些变化是时代变迁、地域差异等因素综合作用造成的结果，是生产力不断发展的结果，也是勤劳勇敢、富于智慧的中国人民的美好想法和民间信仰。

（二）门神的流变

　　门神崇拜的起源可以追溯到人类远古时期的神灵信仰观念与自然崇拜观念。在原始社会，人们最初没有房屋可以居住，为达到遮蔽风雨与逃避敌害的目的，据说，当时有些部族"构木为巢"，也就是在树上搭个"窝"，栖于树上，被称为"有巢氏"。而有些部族则"穴居而野处"，住在天然洞穴里。后者已为考古学所证实，北京周口店的北京猿人和山顶洞人就是明证，这是最原始门神崇拜的根源。

　　社会是发展变化的，历史是向前发展的。随着社会的进步和生产力的提高，人们渐渐学会了建造房屋的技术。自此以后，私有制的产生使人们由群居生活发展为独自生活。从此，房屋与人类结下了不解之缘。房屋可以防止野兽和敌人的侵害，这在当时低下的生产力水平下显得尤为重要。房屋还可以遮风蔽雨、存放食物和财产，使人们得以安居乐业。正由于房屋的巨大作用，人们十分感激房屋和门窗的创造者——神，也就是门户造物主。早在周朝，我国就有了祭门的风俗，这用意其实与祭灶具有相似性。从此，由最早的祭门的风俗逐渐演变发展成为门神崇拜。

　　我国古代典籍对祭门有着详尽的记载。据《礼记·祭法》载，大夫立二祀，适士（即上士）二祀，庶人（即老百姓）只一祀，其中都包括祀门。古代祀典中有五祀之说，所谓"五祀"，即祭祀门、户、井、灶、中霤（土地）等五神。周朝的时候，"五祀"是周天子及各诸侯的祭祀大典，非常隆重。"祀门"是在九月举行。秋季九月，正是收获的黄金时节，百官无论职位高低，都要参加这一活动，"以会天地之藏"。忙了一年，准备收藏过冬了，五谷六畜安顿好以后，当然要"请"个门神来守护，否则，一年的血汗岂不白费了？老百姓祀门，当然比不上君王诸侯的排场，但也非常恭敬虔诚。五祀所祀的神仙，都是围绕着人们生活起居的神祇。探其根源，是与原始自然崇拜有关。原始崇拜认为，凡是与人们日常生活有关的事务，都有神的存在。五祀所祀之门神、户神、灶神、井神、土地神，其实都与人们的衣食住行密切相关，所以人们要祀之以报德，这是门神观念的最早来源。五祀所祀神祇，如门神、灶神、土地神等，源远流长，经久不衰，成为我国民间最有群众基础、最有代表性的流行神。可见，门神是中国土生土长的神明，在我国民间具有极大的认同感，有着十分广泛的群众基础。

　　门神的产生不仅与原始自然崇拜有关，还与古人的鬼魂崇拜有关。在远古的时候，由于人们对大自然无法认知，因此鬼魂观念非常盛行。殷商人和周朝人都崇尚鬼魂，每当看到风、雨、雷、电等自然现象，都会认为是鬼神所为；有时虫蛇猛兽的突然闯入，也被认为是鬼神所遣。古人将一切怪事与坏事都当成是鬼神作祟，对此畏惧有加。房屋给人们的生活提供了很大的方便。门的出现和使用，一为自身出入方便，二为防范敌害闯入。但是

古人对此还觉得不大牢靠，缺乏安全感，那些神通广大、无孔不入的鬼怪来了怎么办呢？要是有个什么能降鬼伏妖的神明，来替自家站岗守卫，该有多好！这就是古人心理上的依赖性。在靠天吃饭的时代，处于无权的地位之上，种种天灾人祸，总是不断出现在老百姓头上。这些弱势群体要求有位保护神，靠他驱鬼镇邪，保护自己的性命和家私。基于此，人们必须造出一个神来，于

是"门神"便应运而生了。《白毛女》中喜儿所唱："门神门神骑红马，贴在门上守住家；门神门神扛大刀，大鬼小鬼进不来。"正是这种心理的真实写照。门神帮助人们把对鬼魂的恐惧降低到最低限度，客观上有利于人们正常的生活，有助于培养人们追求美好生活的信心。

（三）　财神的流变

　　财神产生的年代目前还只能追溯到宋代，宋朝是我国城乡封建经济发生重大变革的时代，尽管内忧外患不断，但民间工商经济日益成熟并空前繁荣，出现了近代意义上的市民阶层。民间工商业经济虽然从文明发轫之初就已经萌生，但到宋代却发展到了一个临界点，于是新的生活方式与古老的传统信仰之间开始产生裂痕并且难于实现二者之间的整合。也就是说，当古老的诸神无法为近代的生活方式提供价值依据时，一些新的神便会被创造出来，这中间就有财神。所以财神的出现不只是表达了民间的俗世发财欲望，还为新的追求财富的极端方式提供一种精神上的保护，从而通过以财神为中介的价值整合，将民营的经济行为纳入传统的诸神信仰系统之中，使之具有普遍的合法性基础。

　　人们通常认为对财神信仰最笃、祭拜最勤的是商人，这是事实。但我们同时也必须注意到最初参与创造财神的并非仅仅是商人，而是包括了不同地方、不同行业、不同阶层的各色人等。在财神身上寄托了他们既相同又相异的愿望与要求，而这正是财神群体形式出现的根本原因。因为有相异的要求，才会有不同的财神偶像；因为有相同的愿望，才会有统一的财神称号。

　　神的再生，世界的再度创造也是以恢复人与人之间的交往活动为主要标志

的。交往是人类社会赖以存在、发展的首要条件，当然也是一切社会财富得以创造的前提。民间以交往，特别是最明显的交往手段——道路作为财富的象征符号，隐喻式地揭示了财富的社会本质。也正是由于中国民间认为财富所体现的主要是人与人之间的交往关系，因此人们在选择财神时，才格外注意财神的道德承担，民间认为只有和谐的人际关系才是一切财富的终极源泉。

由此可见，中国民间信仰的财神从根本上说，是人际关系的道德楷模，财神本人是否具有聚敛财富的能力倒不是民间选择财神的主要着眼点，这就是为什么中国的财神往往与钱财无关的缘故，即便如陶朱公致富有术也必须首先对财富有大彻大悟般的智慧，而非一般的守财奴。

在中国特色的宗教——道教的诸神系统中，很多神本身就带有人间的特征，神与人没有绝对的隔阂，保留着极浓厚的价值理性的色彩。而在以政治为本位的文化环境中，中国本土产生的经济伦理必将自身的价值本源拱手让渡于官吏化的偶像，财神像"久为宰官身"正是这一特色的生动写照。如果说财神信仰利用传统的信仰形式服务于新的生活方式，为民营化提供了价值依据、道德保护及精神动力，从这点上说它具有些许进步意义的话，那么，以政治、官府作为价值本源的心理背景却最终无法确立经济伦理尺度的绝对性，而没有这种绝对性，经济伦理也就难以最终获得人们的普遍承认。

对富足生活的心理期待，使民众创造了财神；反过来，通过对财神崇拜的民俗活动，又进一步满足了人们追求利益的心理需求。细看财神的构成，其实民众不太关心财神的源流背景，民众的基本准则是：只要有这么一个神，能让他们完成顶礼膜拜的民俗过程，能满足他们对利益追求的精神指向，这就够了。从这个角度说，财神只是一个符号，一个代表生活富足、吉祥幸福的符号。

从现实功利上看，"财"与"商"有着更为直接的关系，所以有学者认为，

财神崇拜最初源于商人，后来扩及到普通民众，也不无道理。而在传统社会背景下，又多有"商人重利轻别离""无商不奸"的文化认知。在复杂的经济交往活动中，代表公正的赵公元帅、智慧的文昌帝君、忠义的关圣大帝，成为商家所推崇的道德楷模也便是情理中事了。而忠义、智慧、公正等又何尝不是社会交往所崇尚的基本品质呢？

在当今市场经济的大背景下，对经济利益的追求仍然是一个不二法则，所以崇信财神者仍大有人在。但随着社会的发展、科学的进步，人们的鬼神观念日趋淡薄，迷信成分越来越少，财神信仰更多衍化成的只是一种符号意义，表达了人们对"公正、忠义、智慧"等优秀道德品质的渴望和追求幸福生活的美好愿望。

文武财神的出现是社会发展的必然产物，也是人的心理发展的必然产物。官场竞争要有文财神做后盾，商场竞争要以武财神做靠山。似乎有了文武财神、读书人才更有底蕴，商人才更有勇气，于是财神在人们心中扎下了根。谁最虔诚，谁就能得到财神的福佑。成功者自然在心里感谢神的福佑，失意者只能在心中自责忏悔，总以为殷勤未至。这是近两千年来财神信仰经久不衰的原因。

三、丰富多彩的相关活动及意义

（一）讨好灶王爷

灶神除了掌管饮食，赐予生活上的便利以外，还是玉皇大帝派遣到人间考察一家善恶之职的官。灶神左右随侍两神，一个捧着恶罐，一个捧着善罐，随时将一家人的行为记录保存在罐子里，年终总结之后向玉皇大帝报告。早在春秋时期就广为流传着这样一句俗谚："与其媚于奥，宁媚于灶。"孔子在向他的弟子解释人们"媚于灶"的原因时指出："不然，获罪于天，无所祷也。"就是说，如果不讨好灶神，他就会向上天告你的恶状。由于人与天帝无法直接进行对话与沟通，所以，灶神的话天帝全部相信和采纳，凡人"无所祷也"。灶神向天帝打什么样的小报告，天帝就会给定下什么样的惩罚。葛洪《抱朴子·微旨》说："月晦之夜，灶神亦上天白人罪状。大者夺纪。纪者，三百日也。小者夺算。算者，一百日也。"这就是说，谁要是得罪了灶神，被他打了小报告，严重的要少活三百天，轻微的也要少活一百天。试想，让谁丢掉几百日的寿命，谁都会十分恐惧。也正是由于这个原因，灶神才真正深入到人们的心灵，使人们对之畏惧有加，也就崇拜有加。

人们想要祈福免灾，就必须多做善事，对灶王爷恭恭敬敬，不能用灶火烧香，不能敲击炉灶，不能把刀斧之类锐利器物放在炉灶上；更不可以在炉灶前说怪话、发牢骚、哭泣、呼唤、唱歌，也不能把脏东西放进炉灶里面焚毁等，名目繁多。腊月二十三或二十四日是灶神离开人间，上天向玉皇大帝禀报每一家人这一年来所作所为的日子，所以家家户户都要送灶神，叫做"谢灶"。谢灶的时间按阶层划分，关于何时谢灶，民间有所谓官三、民四、邓家五的规定，

官指官绅权贵，习惯于腊月二十三谢灶。民指一般平民百姓，会在腊月二十四谢灶，邓家即指水上人，会在腊月二十五举行。但是民间百姓大部分会选择腊月二十三来谢灶，以希望有贵气，取其彩头。此时人们要为灶王爷摆上供品，供上好吃的好喝的。供品一般都用一些又甜又黏的东西，比如说汤圆、糖瓜、猪血糕等，用这些又黏又甜的东西的原因是要塞住灶神的嘴巴，让他上天时多说好话，所谓"吃甜甜，说好话""好话传上天，坏话丢一边"。诸多供品中，最必不可少的东西是酒和麦芽糖。酒是为了让灶王爷喝得

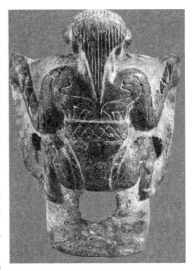

忘乎所以，晕头转向，无法多说话。也有人用酒糟去涂灶神，这被称为"醉司命"，意思是要把灶神弄醉，让他头脑不清、醉眼昏花，以便少打几个小报告。而麦芽糖又甜又粘，把它糊在灶神的嘴上，一来灶神嘴吃甜了，就不好再恶言恶语，只能说好话；二来麦芽糖粘住嘴巴，想说坏话也张不开口，只能说个含含糊糊。老百姓认为，灶神也和人一样"拿了人家的手短，吃了人家的嘴软"，确实很有意思。宋代范成大《祭灶诗》即云："古传腊月二十四，灶君朝天欲言事，云车风马小留连，家有杯盘丰典祀。猪头烂熟双鱼鲜，豆沙甘松粉饵圆。男儿酌献女儿避，酹酒烧钱灶君喜。婢子斗争君莫闻，猪犬触秽君莫嗔，送君醉饱登天门，勺长勺短勿复云，乞取利市归来分。"我们可以看出，这哪里是祭灶，分明是向灶神讨好、送礼行贿，因此，祭灶神象征着祈求降福免灾的意思。在祭灶神之时，摆齐供品，焚香祭拜，接着第一次进酒，此时要向灶君诚心祷告，完毕后再进行第二次进酒，进第三次酒之后，将旧有的灶君像撕下，连同甲马及财帛一起焚烧，代表送灶君上天，仪式便顺利完成。而焚烧一个篾扎纸糊的马，是作为灶神上天的坐骑，还要准备一点黄豆和干草，作为灶神和马长途跋涉所需的干粮、草料。此外还要焚香、叩首，并在灶坑里抓几把稻草灰，平撒在灶前地面上，并喃喃叮咛"上天言好事，下界降吉祥"之类的话，目的是祈祷灶王向玉皇大帝奏报这家一年来的种种善事，不要讲坏话。送走神明后，可别忘了正月初四（一说除夕夜）把众神接回来，也就是我们通常所说的接灶或接神。接灶神的仪式很简单，只要在灶台上重新贴一张新的神像即可。

古时祭灶不分身份的贵贱高低，上至皇帝、大臣，下至平民百姓，对灶神都是毕恭毕敬。据有关资料记载：每年腊月二十三，清朝皇帝例行在坤宁宫大祭灶神，同时安设天、地神位，皇帝在神位前行九拜礼，以迎新年福禧。祭灶这天，坤宁宫设供案，安放神牌，神牌前安放香烛供品，殿廷中设燎炉、拜褥。像民间一样，在灶君临升天汇报人间善恶前，要用黏糖封住他的嘴，以防他在玉帝面前讲坏话。祭灶时，宫殿监奏请皇帝到坤宁宫佛像、神像、灶君前拈香行礼。礼毕，宫殿监再奏请皇后依次向灶君等神位行礼。由此可见，皇室祭祀灶神的仪式是相当隆重而庄严的，灶神也得到统治者的重视。

广大人民对灶神的崇拜，从早期的祈求降福，到后来的谨盼避祸，曲折地反映了古代人们对自己命运的不确定，只能把自己的各种吉凶祸福托之于神，而灶神面前不许有怨言、说怪话、发牢骚的种种禁忌，则被统治者加以利用，成为束缚百姓思想的一种精神统治工具。现在，随着人们生活越来越现代化，祭灶的风俗也被渐渐淡化，正在慢慢远离人们的生活。这虽然是历史发展的一个趋势，但我们也应当注重保留和传承中华民族的灿烂文明。

（二）门神崇拜具有特殊的审美意义

门神崇拜起源于人类远古时期的自然崇拜和神灵信仰观念，是人类对世界的认知受到低下的生产力水平限制的产物。门神崇拜在先秦时期达到高峰，自汉代起逐渐衰微。随着生产力的发展，人们的需求层次更高，需求内容更复杂，审美情趣也进一步提升，带来了门神形象的进一步丰富，晚世门神崇拜与其说是信仰，毋宁说是更注重装饰意味的习俗。门神崇拜的目的由最初的消极辟邪逐步演变为后期的以积极祈福为主，具有强烈的生命功利色彩，折射出中华民族以人为本、生生不息的民族精神和向往、追求美好生活的淳朴敦厚的民族情感。

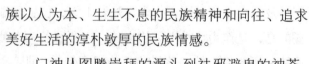

门神从图腾崇拜的源头到祛邪避鬼的神荼、郁垒及秦尉模式贯穿了整个中华文明的发展历史。在各个历史时期都具有顽强的生命力，一直传承到现在，成为我国博大精深的传统文化的一个组成部分。

门神的美术形式传承年代久远，展示范围广，在辽阔的中华大地上，从古到今，从宫廷到民居，年年更换，其规模之大，数量之多是极少见的。给人们提供了无限的艺术观赏空间，对人们的文化影响及美学意义是其他的美术形式所无法达到的。

门神这一美术形式的顽强生命力与人们的崇拜、信仰及社会活动有着密切的关系。人们在进行崇拜信仰的心灵活动过程中，接受了门神这一艺术形式，或者说是通过门神来完成崇拜信仰活动。门神融入了信仰的内容之中，使门神具有了灵魂和生命。我们在鉴赏、评论美术作品时，经常涉及作品的生命、灵魂等相关的词语。这与门神的现象一定有着深层、内核的关联。

门神贯通了整个中华历史的发展时期，直到现在仍充满着艺术生命，它既体现着各个历史时期的一定的文化内涵，也传递着各个时期的文化现象及人们的信仰观念，同时还包容着一定的文化和社会意识及审美观念。

门神传承着各个时代的文化现象，不断丰富了它的意义，一直传承过来，使它成为具有深厚文化内涵的载体。人们曾称傩戏面具是戏剧的活化石，那么门神则可称为更早、更原始的美术及信仰崇拜的"活化石"。

很多博物馆、美术馆及有关收藏家将各时代的门神作为艺术珍品加以收藏研究，有些艺术家以门神为题材研究创作。还有很多文化艺术门类的创意设计也从门神这一古老的艺术中汲取营养及精髓，丰富和发展了当今的文化艺术，使门神这一悠久的艺术形式得以更好的传承和发展。

（三）送财神、迎财神和祭财神

在四川，送财神又称"装财神"。春节期间，有好事者三五人，装扮成"文财神""武财神"，敲锣打鼓进入各家中，拜年庆贺。文财神文官打扮，说吉利话，以讨主人喜欢；武财神武官打扮，脸涂黑色，高举神鞭，作骑虎状，不说不唱。临走，主人须给钱币酬谢，并赐酒，扮财神者须一饮而尽方可离去。此俗后演化为以红纸画财神像代替，对送像者也要送喜钱酬谢。

迎财神是除夕之夜的一项重要的民俗活动。除夕之夜，全家人要围坐在一起吃饺子（饺子象征财神爷给的元宝），吃罢饺子彻夜不眠，等待着接财神。"财神"其实是印制粗糙的财神像，此财神像用红纸印刷而成，中间为线描的神像，两旁写着"添丁进财""祈求平安"的吉祥话。"送财神"的是一些贫寒子弟或街头小贩，他们低价买来财神像，穿街走巷，挨门挨户叫卖："送财神来喽！"户主绝不能说"不要"，而要客气地说："劳您驾，快接进来。"几个铜子就可买一张，即使再穷也得赏个黏豆包，换回一张。一个除夕夜，有时能接到十几张"财神"，这是为了讨个"财神到家，越过越发"的彩头。这种习俗在一些地区民间仍在延续。春节期间一些乞丐到村里挨家挨户乞讨钱财，主人施舍给他们钱财后，他们就在主人家门口的墙上贴上一张财神像。据记述，旧时苏北张家港周围贴财神的习俗：他们用黄纸刻上财神图案，去人家门上张贴，贴时口中念念有词，其词曰："财神贴得高，主家又蒸馒头来又蒸糕；财神贴得低，主家开年好福气；财神贴得勿高勿低，主人家里钱铺地。"主人则答曰："靠富。"

在上海，称"接财神"为"抢路头"。正月初四子夜，各家各户备好祭牲、糕果、香烛等物，并鸣锣击鼓焚香礼拜，虔诚恭迎财神。初五日俗传是财神诞辰，为争利市，故先于初四接之，名曰"抢路头"。

不只商家、俗家迎请财神，梨园界也兴迎财神之俗。在东北，农历除夕，戏班班主扮成财神，男女主要演员盛装随后，其后是吹打乐队，再后是全班人马，至除夕子时，全班迎财神队伍从剧院正门出发，按每年财神所在方向行进，不见到活物不能返回。遇到猪最高兴，认为"肥猪拱门，金银满囤"，遇到兔子最晦气，认为"兔子擅蹦，金溜银空"。见到活物后全班跪地磕头，然后吹打而归。

除了迎财神之外，祭祀财神也是必不可少的。每到春节，全国各地均祭祀财神，祭祀方法各异。北方地区春节时，家家请回财神，供奉财神像，焚香上供品。正月初二清晨祭焚财神像。祭祀时边行礼边诵祝词："香红灯明，尊神驾临，体察苦难，赐富百姓。穷魔远离，财运亨通，日积月累，金满门庭。"清代俗曲则云:"新正初二,大祭财神,点上香烛把酒斟,供上了公鸡猪头活鲤鱼,一家老幼行礼毕,鞭炮一响惊天地。"祭祀场面非常隆重。祭祀时,主人点燃香烛,众人顶礼膜拜。人人满怀发财的愿望,祈愿在新的一年里大发大富。在全国各地,都有祭祀财神的现象,财神在人们心目中的地位之高,由此可见一斑。

青海河湟地区大都在正月初一举行祭财神之礼。面对各自的财神神位,除一般燃烛、点灯、烧香、献盘供、献牺牲外,加献铜钱、纸币、银元,特别用木刻印制的"龙凤钱马",则为必备之品。祭祀时,有些地区行礼祷告,口诵"穷魔远离,财运亨通。日积月累,金满门庭"等偈子,祭祀场面非常隆重。

南方城乡商家,则多设财神堂,堂内供木雕或泥塑财神像一尊,一般在像背孔内悬一只"银菱",意作财神之"心"。也有用活的蟾蜍放入背孔(因为在民间传说中,蟾蜍是能吐金子的灵物),用牛皮纸封口。凡逢财神日或营业不佳时都要烧香礼拜,祈求保佑。除夕夜,在堂上吊元宝,张贴"一本万利""宝藏兴焉"等条幅。敬祭财神供品内容特别讲究,供品一般分为三桌:一桌为果品,有广橘,示生意广阔;再一桌为糕点,多用年糕,意为年年高,糕上插有冬青枝,意为松柏常青;第三桌为正席,有猪头、全鸡、全鸭、全鱼等等,有招财进宝、吉庆有余之意。

在我国的陕西等地还行财神会之俗,每年正月初六的清晨,各商号的掌柜、伙计集合在一起,抬着祭品,拿着香烛、裱纸在郊外一事先选好的地方跪拜祭祀。返回时,每家店掌柜都要带回几块土供在财神像前,表示"招财进宝"。商人称这种祭祀为"出行"。

灶神·门神与财神

四、各种相关传说

（一）灶神之"俗"

中华灶神形象在经历了原始宗教，道教的发生、发展以后，到唐宋以后，已从高高的宗教神坛上走了下来，演化成民间信仰中一位重要的"俗神"。

灶神的俗首先表现在灶神形象的"俗"：中华灶神形象，在多彩多姿的民间传说中主要有勤劳、善良、懒惰、贪婪、好吃、好色等类型。

吉林省四平市《灶王由来》一书中讲，姓张的书生勤奋好学，科考前，请兆先生卜卦，说能高中，后来果然应验。不久张先生当了知县，为了报答，请兆先生赴任。兆先生勤劳朴实，清正廉洁，但不久病故。为了纪念他，张先生将其画像供在灶前，希望先生能像生前那样帮助他。显然这位灶神是正面形象，但是中华灶神更多的是好吃和懒惰等丑陋形象。

黑龙江《灶王爷传说》讲，有位贫穷的张大巴掌，请新到任的贪官吃喝。张大巴掌将母鸡杀了炖上，州官便带着下属、夫人、鸡犬等一同赴宴。张大巴掌让州官及下属进灶房，刚一进门，举起巴掌就打，老婆拦住说："他们活着爱吃老百姓的东西，死了就让他们站在锅台边，看老百姓吃东西吧！"张大巴掌啪啪几下，把州官及其夫人、下属和鸡犬打贴在厨房灶上。

很有意思的是，灶神的形象大多成为人们调侃的对象。比如，有的灶神被说成好色鬼和灾星。厦门相传灶君乃玉皇大帝三子，好女色，故降在人间，以司灶火。凡女人举火，必向灶前就坐，他可以尽情地看。并且他常向玉皇打小报告，说尽人间的坏话。更有趣的是灶神在广东竟被说成是一位鸦片鬼变成的等等。灶神的勤劳、善良、懒惰、好吃、好色等多重性格，反映了中国普通老百姓的世界观、人生观。灶神身上丧失神灵的神圣色彩和庄严的光环的信息告诉我们，灶神已变成被民众嘲讽的对象了。由此，灶神在形象上已经成为一个地地道道的俗神。

祭祀灶神活动的"俗"，主要体现为以下内容。对灶神的祭祀，早在原始社会就已开始，经过几千年的发展，灶神从原始万能神、道教神灵，到民间俗神，其祭祀仪式越来越简单，到清代以后的近现代，已变得俗不可耐了。河南《祭灶君歌》曰："一碗凉水两根葱，送我灶爷上天宫。你爷对给他爷说，就说我家甚是穷。多带皇粮少带灾，再带财宝下界来。"清代潘荣陛《帝京岁时纪胜》载："二十三日更尽时，家家祀灶。祭品则羹汤、灶饭、饲神马以香糟、炒豆、水盂……祝以遏恶扬善之词。"这些记载表明，在清代以后的祭灶礼仪中，祭品全都为素食，同时以糖粘灶神之口，用酒将其灌醉，让灶神骑灶马快去快回等祭礼中的宗教象征含义，应出自于人们既讨好又害怕厌恶的双重心理。尤为特殊的是，灶神没有自己的庙宇，目前保留较好的北京崇文门外的灶君庙，所传承的故事，仍是对灶神揶揄嘲讽的。传说灶君庙中的灶君不仅不能保一方平安，反而相当穷困。灶君庙前有对铁狮子，庙内不仅没有任何供品，连灶君老爷的马也被狮子吃掉了。庙门终日不开，且庙里不久又住进了手艺人。诸如这类情况，在其他神灵身上绝对不会出现。人们对土地庙、观音庙都会施以丰厚的祭品，而灶君庙里人们不仅不奉以香火，连自己的庙宇也被别人占领，处于尴尬境地，也只好忍气吞声，由此足见灶神在老百姓心目中的地位。

灶神的俗还体现在职能的"俗"。在道教思想影响下的灶神，职能是向玉皇大帝通风报信和监督人们的行为。人们如果稍有不敬，灶神便凭自己的好恶上奏玉帝。同时他对天上众神毕恭毕敬，百般地去奉承迎合，因此有人戏称灶神为"驻家特务神"和"不受欢迎"的神，这一评价并不过分。针对灶神"驻家特务神"的特殊身份以及奏报所驻之家过失的特点，老百姓将灶神记录在墙上的文字，以"打扬尘"的方式抹掉，这些举措，暗示着民众对灶神所拥有权力的否定。

另外，还有相当重要的一点就是灶神的传说存在极大的调侃味道。灶神从宗教神殿走向民间以后，老百姓在创作其传说时，充满了幽默诙谐的意味。试举如下几例：灶神像是被人一巴掌打到墙上去的；他喜欢到玉皇大帝那里打小报告，于是人们常常用麦芽糖将其嘴巴粘住；灶君又是"邀遏神"，是好色、贪财的神，是好吃懒做的神，是受玉帝责骂和处罚的神，是无家可归的游魂等等，幽默诙谐。正是由于灶君走向俗神化道路后，其信仰、传说传播之广，令人瞠目。灶神由至上神演变为民间的俗神，实质上是受道教中的灶神影响所致。道教中的灶神为小神，观察驻家功过、通风报信等特征，都是灶神成为民间俗神的重要因素。可以这样说，道教灶神是灶神演化为民间俗神的重要和必经阶段，灶神由此成为中华俗神的典型代表。

这里还有一个很有意思的小故事，虽然是后人杜撰的，但它反映了劳动人民的无尽智慧。相传朱元璋小的时候，家里很穷。一天，朱元璋的母亲正在做饭，突然有一只喜鹊闯进来，叫着说："朱家天下万万年！朱家天下万万年！"朱母生气了，说："什么万万年，不要开我们的玩笑。我看哪，有个二百七十六年就不错了。"朱母一边说，一边生气地用勺子敲打灶台，以赶走喜鹊。这时，被朱母敲得鼻青脸肿的灶神现身了。他无奈地对朱母说："朱老妈呀，老天爷让你们朱家天下万万年就是万万年了，你干吗还生气呀？现在好了，你说二百七十六年就只有二百七十六年了。"后来，明朝果然只存在了 276 年。

（二）门神之"多"

1. "桃人"——两位捉鬼门神

古人对桃的崇拜由来已久。在原始部族社会时期，人们把采集的野生植物作为主要食物。桃是我国较早的野生果树，它那鲜艳甜美的果实，极得古人喜爱。大片的桃林，不仅成为一些部族的天然食品库，而且它那众多果实，也引

起了人们的美好联想与尊崇。《诗经·桃夭》曰："桃之夭夭，灼灼其华""桃之夭夭，有蕡其实""桃之夭夭，其叶蓁蓁"，对桃极其赞美。桃在人的心目中逐渐成为灵物，成为多子多福的象征。同时，古人还将桃看做可除灾辟邪、制鬼驱怪的灵物，称其为"神树""仙木"。《典术》云："桃者，五木之精也，故压伏邪气者也。"这里所说的挂在门上的"桃人"，其

实是两位神将的化身，一曰神荼，一曰郁垒。有关二神的来历，很多古籍都谈过，源远流长，流传至今。

二神的来历可以追溯到远古时的黄帝时代。据传说远在黄帝的时候，黄帝不但管理着人间，也统治着鬼国。对那些游荡在人间的群鬼，黄帝派了两员神将统领着，即神荼和郁垒。神荼和郁垒住在东海的桃都山上，山上有一株巨大桃树，树干枝杈盘曲伸展达三千里。树顶上站着一只金鸡（又称天鸡），每当太阳初升，第一缕阳光照到它身上时，金鸡即啼叫起来。接着，天下所有的公鸡一起跟着叫了起来。这时，在大桃树东北树枝间的一座"鬼门"两旁，神荼、郁垒一左一右威风凛凛地把守着。他俩监视着那些刚从人间游荡回来的、各式各样的大鬼小鬼。民间传说，鬼只能在晚上活动，天亮之前，不等鸡叫就得跑回鬼国。二位神将要是在鬼群里发现在人间祸害人的恶鬼，没说的，马上用苇索捆绑起来，扔到山后喂老虎。因此，神荼、郁垒、金鸡和老虎这四样是鬼最恐惧的，可以说，神荼、郁垒是最早的门神。

由于神荼、郁垒二神对恶鬼的震慑作用，人们便用桃木雕刻成神荼、郁垒二神模样，春节时挂在门上，请二位把守家门，使恶鬼惧而远之，保护全家一年平安。但雕桃人比较麻烦，以后人们简化用桃板一左一右钉在门上，上面画二神的图像，还有的干脆写上他俩的大名或画些符咒之类，此即桃符，为后世对联（楹联）之滥觞。由于神荼、郁垒的不凡本领和身份，确定了其门神的地位。由于必须具备镇慑众鬼的威慑力，这就决定了二位的尊容无比凶恶狰狞——其实也是一副鬼模样。最初的神荼、郁垒图像已不易见，今所见汉代画像砖及《三教源流搜神大全》中的二神图像，皆十分凶恶可怕。这其实是人们想象出来的，足以镇住鬼怪的"神姿"。这反映出人们对鬼神的敬畏以及当时劳动人民的聪明才智。神荼、郁垒、金鸡和老虎这四样是鬼最恐惧的，因而当时门神除画神荼、郁垒外，还有画金鸡和老虎的。鸡是司晨之灵，惯于夜间活动的众鬼畏惧之。故"帖画鸡户上"而使"百鬼畏之"。这与当时杀鸡挂于门上驱鬼的习俗相一致："砍鸡于户""插桃其旁""而鬼畏之"。不仅民间，皇宫中也有宫门挂桃人和"磔鸡于宫及百寺门，以禳恶气"的习俗。至于老虎，因其为百兽之王，"能执搏挫锐，噬食鬼魅"，所以"画虎于门，鬼不敢入"。远在战国时代，就有门上画虎的记载。周王宫中有座"路寝"宫，是周王的办公室。路寝门上即画有猛虎，故此门又称虎门。古人认为"（路寝）门外画虎焉，以明猛于守，宜也"。如果我们加以联想，不难发现，旧时许多住宅大门前，那一对把门的石狮子，在某种意义上讲，其实也有门神的味道。

2. 钟馗——最厉害的门神

唐代，出现了一位门神钟馗，他不但捉鬼，而且吃鬼，所以人们常在除夕之夜或端午节将钟馗图像贴在门上，用来驱邪辟鬼。清富察敦崇《燕京岁时记》称："每至端阳，市肆间用尺幅黄纸盖以朱印，或绘天师钟馗之像，或绘五毒符咒之形，悬而售之，都人士争相购买，贴之中门，以避祟恶。"其形象是豹头虬髯，目如环，鼻如钩，耳如钟，头戴乌纱帽，脚着黑朝鞋，身穿大红袍，右手执剑，左手捉鬼，怒目而视，一副威风凛凛、正气凛然的模样。据说他捉鬼的本领及威望要比神荼、郁垒高得多。至于其来历，据《补笔谈》卷三、《天中记》卷四、《历代神仙通鉴》卷一四等书记载，钟馗原来是陕西终南山人，少时即才华出众，唐武德（618—627年）中赴长安参加武举考试，仅因为相貌丑陋没有中举，于是恼羞成怒撞死在殿阶上，唐高祖听说后特别赐给红官袍予以安葬。后来唐玄宗偶患脾病，请了许多医生救治，效果不佳，宫廷上上下下都很着急。一天晚上唐玄宗睡着后，忽然梦见一个小鬼偷窃宫中财物之后沿着殿墙边逃跑，唐玄宗急忙喊叫捉拿，只见一位相貌魁梧的大汉跑上殿来，捉住小鬼，将小鬼吃掉。唐玄宗问他是什么人时，他回答说是"武举不中进士钟馗"。唐玄宗醒来后，第二天病就痊愈了，于是请来画匠吴道子将钟馗的像画了下来，所画之像与玄宗梦中所见的一模一样，玄宗大悦，将之挂于宫门之上，

作为门神。道教将这种信仰吸收，将钟馗视为祛恶逐鬼的判官，从此钟馗便成为道教驱鬼捉鬼的神将。

3. 武将门神

成庆是最早的武将门神。《汉书·景十三传》曰："广川惠王越，殿门有成庆画，短衣大裤长剑。"颜师古注云："成庆，古之勇士也。"也有人

124

说成庆就是战国时的勇士荆轲。唐代以后，秦琼和尉迟恭代替了成庆之位。秦琼、尉迟恭在元代以后，才被承认为门神，但是这两个人是唐朝人。根据明朝《正统道藏》中的《三教搜神大全》《搜神记》《历代神仙通鉴》等的记载，二门神为唐代秦琼（秦叔宝）、尉迟恭（尉迟敬德）二位将军。相传唐太宗身体不太好，寝宫门外有恶鬼邪魅号叫，六院三宫，夜无宁日。于是太宗将情况告诉众大臣，秦叔宝上奏说："臣平生杀人如摧枯，积尸如聚蚁，何惧小鬼乎！愿同敬德戎装以伺。"

太宗准奏，夜晚让二人立于宫门两侧，一夜果然平安无事。太宗嘉奖二人后，觉得整夜让二人守于宫门，实在辛苦，于是命画工画二人像，全装怒发，手执玉斧，腰带鞭练弓箭，一如平时，悬挂在两扇宫门上，从此邪祟得以平息。直到元代人们才沿袭这种做法，奉二人为门神。此前也曾经有过类似的记载，但是均未说明是此二人，如南宋佚名氏《枫窗小牍》曰："靖康以前，汴中家户门神多番样，戴虎头盔，而王公之门，至以浑金饰之。"宋代赵与时《宾退录》记载说："除夕用镇殿将军二人，甲胄装。"直到明清以后，书中记载才明确为秦琼和尉迟恭二人，如清代顾禄《清嘉录·门神》中记载："夜分易门神。俗画秦叔宝、尉迟敬德之像，彩印于纸，小户贴之。"清代李调元《新搜神记·神考》记载："今世俗相沿，正月元旦，或画文臣，或书神荼、郁垒，或画武将，以为唐太宗寝疾，令尉迟恭、秦琼守门，疾遂愈。"另据今人张振华、常华所著的《中国岁时节令礼俗》记载："贴门神，历史悠久，因地方不同，时代不同贴用的也不同。北京多用白脸儿的秦叔宝和黑脸儿的尉迟敬德。至今仍有住户这样做，以祈人安年丰。"这些记载都表明二神从受祀后，至今仍然被人们所信奉。

　　明清以后的武将门神，各地不尽相同。如河北门神是马超、马岱和薛仁贵、盖苏文；河南门神多为赵云、马超；陕西门神是孙膑、庞涓及黄三太、杨香武；汉中一带还有孟良、焦赞；北京甚至将文臣魏征奉为武将门神。《西游记》中记述："魏征斩了犯罪的泾河老龙王，老龙王之魂进宫向唐太宗索命。前门因秦琼、尉迟恭把守，无法进入，他便到后宰门搅闹，于是魏征夜晚手持宝剑镇守后门，鬼魅消去。这样，儒雅的魏征成了武将门神，其门神形象也是仗剑怒目，威风凛凛。此外，武将门神还有燃灯道人、赵公明、马武、姚期、杨延昭、穆桂英等数十位，皆取材于古典演义小说。

4. 文官门神

与驱邪魔、卫家宅、保平安的捉鬼门神和武将门神不同，文官门神及祈福门神是寄托人们祈望升官发财、福寿延年愿望的。

文官门神以天官居多。这类门神戴纱帽，穿一品绣鹤朝服，或抱象牙笏板，或持吉祥器物，白面美髯，一派雍容华贵模样。天官为三官（天官、地官、水官）之首，号"赐福紫微帝君"，故又称"赐福天官"。民间以天官为福神，有时与禄、寿二仙并列，即所谓福、禄、寿三仙也。天官门神大多贴院内堂屋门上，以别于大门上驱鬼镇妖的武将门神，含有迎福进财之意。

文官门神中，还有一对白须文官者，据说为宋代梁颢。《遁斋闲览》说，梁颢82岁才中状元，故把梁颢画成了白须皓首的"状元爷爷"模样。其实，这是个误会。历史上的梁颢是北宋太宗时进士。登第时，年方23岁，是个小伙子。辽军攻河北时，他上疏请明罚赏，斩懦将，擢用武勇谋略之士。以后梁颢知开封府，暴病而亡，时年42岁。民间不察，多用《遁斋闲览》的说法。旧时极流行的启蒙读物《三字经》中，即有"若梁颢，八十二"之句，可见其影响之大。梁颢成了"大器晚成"的典型，以他做门神画，显然有勉励老年人进取之意。文官门神还有取材于"五子登科"的。上面画有五个举灯、执戟、手拿桂枝的童子，寓意"五子登科"。这一典故来自五代窦燕山（窦禹钧）教育五子，连登科第的故事。

5. 祈福门神

文官门神大都与升官发财有关，祈福门神则与多子多福、福寿延年有关。

有时二者也配对成双。如天官（或状元）门神，常与松子娘娘配对。此外，还有喜神、和合二仙（象征夫妻相爱和睦）。又有刘海、招财童子，皆系小财神，尤为商贾所供奉。这类祈福门神多含寓意，如一天官左手举盘，盘上置一寿山石，石上升起毛笔一支，暗含"寿比（笔）南山"。另一天官，手托红色蝙蝠、海水之类，隐寓"福（蝠）如东海"。有意思的是，鬼仙钟馗有时也作为祈福门神

古代生活习俗

出现。他身着红色官衣，头戴纱帽，手持一笏，上有一桃一笔，取其"必（笔）然长寿（桃）"之意。

祈福门神上常常添画一些吉祥物，取其吉利，多用谐音双关方法。正如《月令广义·十二月令》所说，门神至"后世画将军朝官诸式，复加爵、鹿、蝠、喜、马、宝、瓶、鞍等状，皆取美名，以迎祥祉"。爵、鹿、蝠、喜、马、宝、瓶、鞍八物的含义为：爵樽，借指爵秩、官位；鹿，借指荣禄；蝙蝠，借指景福；喜鹊，借指喜庆；马，借指驿马；元宝，谐音"驰报"；瓶、鞍，谐音"平安"。绘此八物，即取"爵禄福喜，马报平安"八字含义。

门神系统的多元化，说明人们内心所祈望的"喜""福""吉""祥"的具体内涵也是多元的。面目慈和的祈福门神代替神情狰狞的武将门神，可以使居所的主人体会到某种亲近感，不过一般宅院在堂室的内门贴用祈福门神时，大门仍然用厌鬼驱邪的武将门神镇守，这说明人们的观念中依然存在着难以磨灭的早期门神崇拜的痕迹。

6. 其他门神

（1）老少太监门神

门神为老少太监，分辨老少太监的方法主要是从面貌的不同来区分：年长的太监脸上刻画出岁月的刻痕，年轻的太监则面色红润。在服饰方面，由上而下依序为圆领衫、束玉带、蟒袍，而脚穿的是笏头履。所执的侍器，两人亦有不同：年长的太监右手捧香炉，左手持拂尘；年轻的太监右手扶玉带，左手捧着瓶花。民间俗称二人所捧之侍器为香、花。

（2）宫娥门神

两位宫娥头上均作束发，且打双髻，髻下束有牡丹卷草花纹的簪戴，且耳下有垂珠的耳坠。在服饰方面，身披帛飘带，给人一种轻盈的感觉；身穿直领袄，上有菱形花纹；衣着大袍，腹有围腰加束，束下悬有宫条和玉佩流苏。在所执侍器方面，左侧的宫女左手捧桃果，右手执玉如意；右侧的宫女右手捧高足的灯具，左手亦执玉如意。二位宫娥和老少太监所捧的侍器加起来，正好是民间喜用的四祥器：香、花、灯、果。

（3）哼哈二将门神

左边门的门神伸出一指，嘴巴微张，像是在大声喝道："哈！"右门的门神则是翘起两指，仿佛发出"哼"的一声。他们就是著名的守护神哼哈二将。

（4）加官进禄门神

门神一人持冠，一人捧鹿，冠与官谐音，鹿与禄谐音，组合起来便有了加官进禄的意思。

（5）富贵晋爵门神

门神一人捧牡丹，一人捧爵，牡丹比喻富贵，爵比喻官爵，结合起来，便有富贵晋爵的意思了。

（6）字匾门神

演变成只有字匾，通常穷人家用字匾门神。

此现象说明，一种习俗形成后，是很难加以改变的。另一种情形是新旧门神同时供奉，前引《清嘉录》卷十二所记最为典型。清李调元《新搜神记·神考》亦反映此情况，他说："今世俗相沿，正月元旦，或画文臣，或书神荼、郁垒，或画武将，以为唐太宗寝疾，令尉迟恭、秦琼守门，疾遂愈。"这些都反映出民间信仰的多样性，道教只是因袭民俗而崇奉之而已。

7. 明清到民国间的武将门神

明清至民国期间的武将门神在全国各地各有不同，和北京民居中的门神在人物上是有区别的。如河南人供奉的门神为三国时期蜀国大将赵云和马超；河北人供奉的门神是马超、马岱哥俩；冀西北则供奉唐朝时期的薛仁贵和盖苏文；陕西人供奉孙膑和庞涓，黄三太和杨香武；重庆人供奉明朝末期"白杆军"著名女帅秦良玉；而汉中一带张贴的多是孟良、焦赞这两位莽汉。

8. 现今的"门画"门神

1949年以后，人们科学意识增强，迷信意识淡薄，有些地方，便把刘胡兰与赵一曼、董存瑞与黄继光等抗日战争、解放战争、抗美援朝战争时期的战斗英雄、民族英雄的画像，逢年过节贴在大门上。这样一来，门神便不为门神，而演变为门画儿了。

如今，门画儿的张贴内容更为广泛。如彩绘福寿图、五谷丰登图、六畜兴旺图、工农建设图、儿童欢

乐图、火箭腾空图、十帅跃马图、拥政爱民图、
军民联欢图等。

现在过春节，在民户大门，还有不少张贴神
荼、郁垒，秦琼与尉迟恭门神像和历代武将画像
的，但与古时相比，其意义截然不同了。古贴门
像，为敬神、拜佛、求福祈祷平安；今贴门像，
表达的是对平安、幸福的向往与追求。

（三）财神之"同"

财神虽然也分为很多类，但他们的职能基本一样，就是掌管钱财。

1. 范蠡——生财有道的陶朱公

范蠡是一位文财神。他是春秋战国之际杰出的政治家、思想家和谋略家，
同时也是一位生财有道的大商人。

范蠡，字少伯，天资聪颖，少年时便有独虑之明。后被越王勾践拜为上大
夫。越国兵败于吴国，范蠡与越王一同去屈事吴王夫差。回国后又辅佐越王富
国强兵，终于打败了吴国。灭吴之后，越国君臣设宴庆功，群臣皆乐，唯独勾
践面无喜色。范蠡察此微末，立识大端：越王为争国土，不惜群臣之死，而今
如愿以偿，便不想归功于臣下。于是，范蠡毅然向越王辞官隐退，带领家属随
从，架扁舟，泛东海，来到齐国。

范蠡父子在齐国海边耕种土地，勤奋治产不久，就积累家产数十万金。齐
人闻其贤，请为其相。范蠡叹息："居家则致千金，居官则致卿相，此布衣之
极也。久受尊名，不祥。"于是，它归还了相印，将钱财尽数分给朋友和乡邻，
只带上最贵重的物品，暗自离开齐都，悄悄来到陶地。范蠡认为，陶地处天下
之中，为交易的必通要道，由此可以致富，以为后半生的保证，自此定居下来，
自称陶朱公。（"陶"，指陶地，或说隐语"逃"；"朱"，一说为富翁的象征，
或说寓己曾做高官；"公"，一说是对尊长、平辈的敬称，或说寓己曾做公爵）。
范蠡父子靠种地、养牲畜、做生意又积累了数万家财，成为陶地的大富翁，后
两家又分财于百姓，天下人都赞美陶朱公，拜其为财神。

陶朱公的经营智慧历来为民间所敬仰，于是有许多经营致富术托于陶朱公名下。如《经商十八忌》：生意要勤快，切忌懒惰；价格要定明，切忌含糊；用度要节俭，切忌奢华；赊账要认人，切忌滥出；货物要面验，切忌滥入；出入要谨慎，切忌潦草；用人要方正，切忌歪邪；优劣要细分，切忌混淆；货物要修整，切忌散漫；期限要约定，切忌马虎；买卖要适时，切忌拖误；钱财要明慎，切忌糊涂；临事要尽责，切忌妄托；账目要稽查，切忌懒怠；接纳要谦和，切忌暴躁；立心要安静，切忌粗糙；说话要规矩，切忌浮躁。十八忌多是商家经验之谈，托名陶朱公，由此可见，他作为财神在民间商人心目中的智慧形象。范蠡一生艰苦创业，积金数万；善于经营，善于理财，又能广散钱财，故称其为文财神也就理所当然了。

2.赵公明——专司人间财富之神

世人奉祀的财神，影响最大的当推赵公明。据《三教搜神大全》载，赵公明神异多能，变化无穷，能够驱雷驭电，唤雨呼风，降瘟剪疟，保命解灾，故人称"元帅之功莫大焉"。凡买卖求财，只要对赵公明祈祷，便无不称心如意，故而民间奉其为财神。旧时年画中，赵公明的形象多为头戴铁冠，手持宝鞭，黑面浓须，身跨黑虎，面目狰狞，因此人们又称其为武财神。

民间关于赵公明的传说，由来已久。早在晋代年间，干宝《搜神记》中，赵公明为专取人性命的冥神之一。东晋时期，陶弘景《真诰》中记述，赵公明为致人疾病的瘟神。隋唐时期，《三教源流搜神大全》载，隋文帝开皇十一年（591年）六月，有五力士在空中出现，分别身披青、红、白、黑、黄五色袍，各手执一物：一人执勺子和罐子、一人执皮袋和剑、一人执锤、一人执扇、一

人执火壶。文帝问太史张居仁："他们是何方神圣？主管哪些灾福？"张居仁奏曰："他们乃五方力士，在天上作为五鬼，在人间为五位瘟神，即春瘟张元伯、夏瘟刘元达、秋瘟赵公明、冬瘟钟仕贵、总管中瘟史文业，主管世间瘟疫。此乃天地运行时所产生的疾病。"文帝问："怎么才能制止，使世人免受瘟疫呢？"张居仁答曰："瘟疫是上天降临的疾病，无法制止。"于是那年许多百姓死于瘟疫。是时，文帝下令立祠，于六月二十七日诏封五方力士为将军。

赵公明的瘟鬼性格到了《列仙全传》中就更为具体了，只是他又从五方瘟鬼之一变成了八部鬼帅之一。元明时有八部鬼帅，各领鬼兵亿万数，周行于人间。刘元达领鬼兵施杂病，张伯元领鬼行瘟疫，赵公明领鬼施人间以痢疾，钟子季（钟仕贵）施人间以疮肿，史文业行寒疾，范巨卿行酸瘠，姚公行五毒，李公仲行狂魅赤眼，给人间降下许多灾祸疾病，夺走了万民性命，枉夭无数。

直到《封神演义》问世，赵公明才不再像昔日那样浑身充满邪气、鬼气和瘟气。姜太公奉元始天尊之命按玉符金册封神，封赵公明为"金龙如意正一龙虎玄坛真君"，职责是专司金银财宝，迎祥纳福。从此，赵公明开始掌管天下财富，做了财神爷。赵公明司财，能使人宜利和合，发家致富，这正符合世人求财的愿望，所以民间广泛敬祀赵公明，而他原来作为冥神、瘟神、鬼帅的面目被日渐淡忘了。民间所供的财神赵公明皆顶盔披甲，着战袍，执鞭，黑面浓须，形象威猛。周围常附之聚宝盆、大元宝、宝珠、珊瑚之类，更加强了财源茂盛的效果。

3. 刘海蟾——撒钱济贫的准财神

在中国民间信仰的众多财神中，有一类只能算作是准财神，意为未得财神封号，但由于此神能为人们带来一定的财运，承担了一部分财神的职责，于是人们就将其作为财神看待。刘海蟾就是其中最具代表性的一位准财神。

刘海蟾，原名刘操，五代时人，籍燕山（今北京），曾为辽进士，后为丞相辅佐燕主刘宗光。此人素习"黄老之学"。

《历代神仙通鉴》中有云：一日，有自称正阳子（吕洞宾）的道士来见，刘海以礼相待，道士为其演习"清净无为之示，金液还丹之要"。索鸡蛋十枚，金钱十枚，以一钱间隔一蛋，高高叠起成塔状。刘海惊道："太险！"道士答道："居荣禄，履忧患，丞相之危更甚于此！"刘海顿悟。后解去相印，改名刘玄英，道号"海蟾子"，拜吕洞宾为师，得道成仙，云游于终南山、太华山之间。元世祖忽必烈封其为"海蟾明悟弘道真君"，武宗皇帝加封"海蟾明悟弘道纯佑帝君"。

以此看来，刘海是个悟后弃富的道士，本与财神无缘，刘海成为财神也许

灶神、门神与财神

是源于他的道号——海蟾子。蟾，即蟾蜍，因此物相貌丑陋，分泌物有剧毒，对人体有害，被列为五毒（蝎、蛇、蜈蚣、壁虎、蟾蜍）之一。又因蟾蜍的分泌物蟾酥有强心、镇痛、止血等作用，又受人们崇拜。《太平御览》引《玄中记》云："蟾蜍头生角，得而食之，寿千岁，又能食山精。"当时人们把蟾蜍当成了避五病、镇凶邪、助长生、主富贵的吉祥物，是有灵气的神物。刘海是以"蟾"为道号而闻名，又以"刘海戏金蟾"的传说被抬上了财神的宝座。

刘海戏金蟾出现在大量的民间年画和剪纸中，历代画家也有不少这一题材的佳作传世。在这些作品中，刘海皆是手舞足蹈、喜笑颜开的顽童形象，其头发蓬松，额前垂发，手舞钱串，一只三足大金蟾叼着钱串的另一端，作跳跃状，充满了喜庆、吉祥的财气。刘海所戏金蟾并非一般蟾蜍，而是三足大金蟾，举世罕见。金蟾被看做一种灵物，古人认为得之可以致富。这是刘海被塑造成财神的主要根据。据说，刘海用计收服了修行多年的金蟾，得道成仙。刘海戏金蟾，金蟾吐金钱。他走到哪里，就把钱撒到哪里，救济了不少穷人，人们尊敬他，感激他，称他为"活神仙"。为此，还修建了刘海庙，把他的故事编成戏剧，到处吟唱。

4. 五路神及利市仙官——招财进宝的偏财神

文武财神是民间所谓的正财神，在正财神之外，还有偏财神，这是就财神所在的神像位置而言的。民间的偏财神经常是指被称为"五路神"的财神。在《封神演义》中，五路财神指的是赵公元帅、招宝天尊萧升、纳珍天尊曹宝、招财使者陈九公和利市仙官姚少司。"五路神"又指路头、行神。清人姚富君说："五路神俗称财神，其实即五祀门行中之神，出门五路皆得财也。"其中的五路是指东西南北中五方，意为出门有五路神保佑可以得好运，发大财。五路财神

都是吉祥神，也是民间吉庆年画中常见的形象，他们深受人们的喜爱和崇拜。每年正月初五是五路财神的生日。这天天刚放亮，城乡各处都可听到一阵阵鞭炮声。为了抢先接到财神，商家多是初四晚举行迎神仪式，准备好果品、糕点及猪头等祭祀用品，请财神喝酒。届时，主人手持香烛，分别到东南西北中五方财神堂接财神，五位财神接齐后，挂起财神纸马，点燃香烛，众人顶礼膜

拜，拜罢，将财神纸马焚化。

到了初五凌晨，人们抢先打开大门，敲锣打鼓，燃放鞭炮，向财神表示欢迎。接过财神，大家聚在一起喝路头酒，直喝到天亮开门营业，据说可保一年"生意兴隆，财源茂盛"。清代蔡云《吴觎》中有生动描述："五日财源五日求，一年心愿一时酬。提防别处迎神早，隔夜匆匆抢路头。"所谓"抢路头"即抢接五路财神，人们个个争先放头通鞭炮，以此祈盼发家致富。

在民间所供财神中，不管是赵公元帅，还是赐福天官，身边总要配以利市仙官，因此，利市仙官可以说是地地道道的偏财神。有关利市仙官的来历，在《封神演义》中有记载：利市仙官本名姚少司，是大财神赵公明的徒弟，后被姜子牙封为迎祥纳福之神。所谓"利市"包含三重含义：一是指做买卖时得到的利润；二是指吉利和运气；三是指喜庆或节日的喜钱，如压岁钱等。人们信奉他，是希望得到利市财神保佑，生活幸福美满，万事如意。到了近代，一到新年，有的人特别是商人，还把利市仙官图贴到门上，并配以招财童子，对联上写"招财童子至"与"利市仙官来"，隐喻财源广进，吉祥如意。

5. 关羽——靠"信义"致富的财神

关公即关羽，在中国是一个家喻户晓、妇孺皆知的人物。近代以来，越来越多的人把关公作为全能保护神、行业神和财神，《民间新年神像图画展览会》的作者说："关公被人视为武神、财神及保护商贾之神。人遇有争执时，求彼之明见决断。旱时，人们又向彼求雨，又可求病人药方，被人视为驱逐恶鬼凶神之最有力者。"

据徐道《历代神仙通鉴》记载的一种传说：关公的前生本是"解梁老龙"，汉桓帝时，河东连年大旱，老龙怜众心切，是夜遂兴云雾，汲黄河水施降。玉帝见老龙有违天命，擅取封水，令天曹以法剑斩之，掷头于地。解县僧普静，在溪边发现龙首，即提到庐中置于缸内，为诵经咒九日，闻缸中有声，启视空无一物，而溪东解梁平村宝池里关毅家已有婴儿落地，乳名寿，幼从师学，取名长生，后自名羽，字云长。据《三国演义》载，关羽因原疾恶豪倚势凌人，遂杀恶豪后奔走江湖。东汉末年，与刘备、张飞"桃园结义"，誓共生死，同起义兵，争雄天下。建安五年，曹操出兵大败刘备，刘备投靠袁绍。曹操擒住了关羽，看中关羽为人忠义，拜为偏将军。后曹操察觉关羽无久留之意，便用大量金银珠宝、高官、美女来收买，但关羽丝毫不为钱财名利所动。当关羽得知刘备在袁绍处，立即封金挂印，过五关斩六将去寻刘备。刘备自立为汉中王，封关羽为五虎大将之首。曹操得知大怒，与司马懿设计，联合孙权共取荆州。刘备拜关羽为前将军，都督荆襄诸郡事，令取樊城。关羽分荆州之兵攻取樊城，不幸中吕蒙计，痛失荆州，夜走麦城，兵败被擒，不屈而亡。《三国演义》后又记载：关羽遇难后，阴魂不散，荡荡悠悠，直到荆州当阳县玉泉山上空大呼："还我头来！"山上老僧普静闻曰："昔非今是，一切休论……今将军为吕蒙所害，大呼'还我头来'，然则颜梁、文丑（皆被关羽所杀）等众人之头，又向谁索？"关羽恍然大悟，遂皈依佛门。

关羽一生忠义勇武，坚贞不贰，为佛、道、儒三门崇信。明清时代，关羽极显赫，有"武王""武圣人"之尊，由此关羽被世人附会成具有司命禄、佑科举、治病除灾、驱邪避恶等"全能"法力，民间各行各业对"万能之神"关帝顶礼膜拜。人们之所以奉关公为财神，大概是因为关羽不为金银财宝所动，与世间一些贪利妄义之徒形成鲜明的对比。世人尤其是商贾们都敬佩关公的忠诚和信义，希望关公作为他们发财致富的守护神。另外，人们希望商贾坚守诚信进行交易，把关公奉为公证人，来维护传统的道德秩序。关羽之所以成为财神说明民间创造财神的取舍标准首先是一种道德抉择。关公身上体现着一种"忠义勇武"的传统美德，因而以他为财神，明确表达了希望用传统道德秩序来规范近代经济行为的民族集体意识。明清以降，商人行会往往奉关公为保护神，又使之成为集团文化的象征，对内它强调忠诚，对外它强调信义，对事业它强

调勇敢进取。于是关公作为传统文化的整体象征就被用来服务于新的发展目标，特别是在海外华裔中，关公信仰发展迅猛，有成为中国第一财神的趋势。究其原因，恐怕在于关公不仅是财神，而且也超越了历史上各个阶级、阶层利用关公信仰的有限目的，而日益抽象为民族生活方式的、具有宗教意义的本体价值依据。

庙　　会

庙会是中国民间文化活动中很普遍、很常见而且群众参与度很高的一种集会活动。这种活动经过了漫长的岁月洗礼悄然地融入进百姓的生活中。庙会文化在我国传统文化中具有一定的历史地位，它的形成对我国传统民间文化、娱乐以及民间的经济贸易活动、文化交流沟通起了很大的推动作用。庙会是人与自然、与社会相沟通的一座桥梁，是联系人与人之间情感的一条纽带。

一、庙会的释义及赶庙会的由来

在很多人的心中，赶庙会是一件非常有趣的事情，其中承载了许多美好的记忆。中国是一个历史悠久的农业大国，人们大多是日出而作，日落而息，一年到头全家人都在几亩土地上忙忙碌碌，难得有休闲和娱乐的时间。"民俗终日劳苦，间以庙会为乐"，在老百姓的眼中，庙会是一个休闲娱乐的好时机。庙会作为中国民族风俗的载体，其中表现出浩如烟海的民间文化，凝聚一定地区的民众的思想感情、理想愿望、道德风尚和审美趣味。庙会作为人们生活文化中的一个有机组成部分，其在文化因素、商业因素、宗教因素等方面都值得我们深入挖掘、认真思考，不断将庙会文化发扬光大。庙会这支华夏风情曲中的交响乐，曾经弦歌满堂，千百年来余音不绝，不断地在华夏大地上奏响，调节着炎黄子孙生活的节奏，贯穿着民众的生命历程。

（一）什么叫做庙会

庙会历史悠久，究其确切的发起原因，现在也不能说得很清楚。但是一般认为，庙会起源于远古时期的宗庙社郊制度——祭祀。早期的祭祀主要是祭祀祖先神和自然神，在祭祀过程中人们聚集在一起，集体开展一些活动，比如进献贡品、演奏音乐、举行仪式等，这种为祭祀神灵而产生的集会可以看做是民间庙会的雏形。

那庙会究竟指的是什么呢？实际上，从"庙"和"会"两个字的字面意思也能看出七八分含义来。"庙"，顾名思义，人们首先联想到的就是现在所说的道观寺庙。其实，最初的"庙"是指供奉神灵尤其是祖先神灵的建筑。随着佛教传入中国，"庙"在汉语中主要指称的是佛教的寺庙以及后来中国土生土长的道教道观等宗教性质的场所。"会"早期的意思是指天子与诸侯，或者诸侯与诸侯之间的会见，后来指为了参加佛教、道教的宗教仪式而举办的集会、聚会。所以从字面上的意思就能看出来，"庙会"最初就是指在宗庙附近的聚会，或为了祭祀神灵，或为了参加在某个特殊日子举办的宗教活动，且吸引众多人或信徒参

古代生活习俗

与。其中涵盖了祭神、娱乐和购物等方面的内容。

《辞海》中这样解释："庙会亦称'庙市'。中国的市集形式之一。唐代已经存在。在寺庙节日或规定日期举行。一般设在寺庙内或其附近，故称'庙会'。《平风俗类征·市肆》引《妙香室丛话》：'京师隆福寺，每月九日，百货云集，谓之庙会。'"

关于庙会民间还流传着这样一段故事，大意是：清朝的一位王爷爱逛庙会，有一次逛完庙会回府后，突然发现身上穿的马褂上的金纽扣竟全都不见了。而原纽扣处被偷换成洋火棍即火柴棍。手下人当即报了案并责成九城兵马司速在京城内抓捕人犯。但王爷却提出一个可以不再追究的办法,即在下一个庙会日上如能不被王爷发觉而将东西还回来就可不治罪。等到第二次庙会到来的时候，这位王爷另穿了一件马褂又来逛庙会，周围跟随着更多护驾的人，名为逛庙会，实则观察神偷如何把纽扣还回来。一群人都快逛完庙会了却一点动静都没有，有人暗暗思忖是人太多神偷不敢来了吧！就在这时，不远处忽然有几个醉汉吵起来，不多时便揪作一团打到一起去了，众人的注意力被干扰分散，大家都纷纷去观看这个突发事件。就在此时，有一人突然冲进人群，一低头把一口痰吐在王爷靴子边的地上，随即弯腰,擦拭完王爷靴子后走出人群不见了。

等王爷回到轿子里，觉得脚腕处有东西硌了一下，用手摸时从靴腰中发现一个纸包，打开一看，正是上次被偷去的金纽扣和这次新穿的马褂上加固缝牢的翡翠纽扣。再低头查看时，发现所有纽扣又和上次一样被换成火柴棍了。王爷不觉大惊，然后又哑然失笑，果然不再追究此事。

虽然是一个小小的传说，但是可以看出庙会已经是我国传统的节日盛宴，无论是富人还是平民都愿意参与，反映出民众的心理和习惯。庙会文化是我国大众文化的一部分，是一种极其复杂、古老而又新鲜的社会文化现象，它既是宗教的，又是世俗的，充分反映了人民群众长期积淀形成的思想意识、价值观念、行为方式和心理态势。它世代延续、传承和发展，经久不衰。随着改革开放和民族宗教政策的落实，城乡各地庙会兴起，规模可观，值得研究。作为一种社会风俗的形成，有其深刻的社会原因和历史原因，而庙会风俗也与佛教寺院以及道教庙观的宗教活动有着密切的关系，同时它又是伴随着民间信仰活动

庙
会

而发展、完善和普及起来的。

（二）庙会的分类

　　庙会是依附于特定宗教场所的宗教活动而发展起来的集宗教祭祀、娱乐游艺和商贸交易于一体的民俗活动。中国的庙会种类繁多，而且在不同的地方，庙会的习俗也都是各不相同。多姿多彩的庙会在祖国各地像一个个三棱镜一样，折射出华夏民俗文化的点滴。中国作为一个农业大国，对于土地的极度关注也造就了中国人民强烈的现实感和实用性心理，在举办庙会的种类上就能很好地体现这个特点。大禹治水有功，人们就修建禹王庙纪念他；包公为民请命，人们就为他修建了包公祠；岳飞精忠报国，人们为了替他伸冤把陷害他的秦桧塑在庙里千年长跪，以表愤怒；农民分得了田地，就在地头上建起土地公公庙感谢他；渔民出海打鱼为了避风避浪，就去拜妈祖庙等等。自然，中国的庙多了，庙会也就多起来了。

　　关于庙会的种类。其实很不好划分，因为它本身是集祭神、娱乐、贸易为一体的一种群众性集会活动。应该说，只有完全具备了这些功能才能称之为庙会。但是由于时代、地点的不同，风土人情各异，各地庙会的形式和种类并不一致。如江南和华北地区的庙会就存在着某些差别，而城市庙会和农村庙会也有所不同。为了更清楚地了解我国庙会的不同情况，有必要将庙会进行归纳和分析。

　　从庙会的文化类型划分，庙会基本上可分为世俗型和宗教型两大类。其中，世俗神庙庙会包括土地庙会、山神庙会、水神庙会、火神庙会、雷神庙会等自然崇拜类庙会；人祖庙（伏羲庙、女娲庙、盘古庙）庙会、黄帝庙庙会、仓颉庙庙会、禹王庙庙会等神话中的祖先神庙庙会；孔庙、鲁班庙、关帝庙、岳飞庙等祖师崇拜和英雄崇拜的庙会。宗教神庙庙会主要有吕祖庙庙会、泰山庙会、天师庙庙会、观音庙会等，而后者已经基本改变佛教的教义，逐渐地融入世俗精神。

　　世俗神庙是庙会文化的最重要成分，但也必须看到，各类型之间的庙会文化并非泾渭分明，而是相互间存在着千丝万缕的联系。世俗神庙庙会的形成基础是原始信仰中所产生的自然崇拜、灵魂崇拜，即泛神信仰。世俗神庙庙会的显著特点即在于请神的质朴性，即产生于民族文化的深层土壤中，为人们所熟悉、所理解。世俗神庙庙会是整个庙会文化的底色，在此基础上，形成了道教神庙庙会文化，之后，佛教神庙的进入，打破了传统的民俗文化格局，整个庙会文化呈现出多元化的面貌。中华民族文化的世俗神庙在民间信仰中的意义犹如底色的文化存在，它有力地影响着人们的社会生活，也同样影响着其他文化现象，如宗教信仰等。世俗性的神及其庙会习俗在整个庙会文化中具有核心意义。

宗教信仰意义的庙会主要有两种，一是道教神庙会，一是佛教神庙会。二者都不同程度地在世俗神庙庙会基础上发展，显示其独特的文化个性，这种宗教信仰意义的庙会在某种程度上使世俗神庙庙会的文化意义提升到一个新的境界。这样，在一个相互影响的大循环大补充的环境中，庙会文化才得以红红火火、如火如荼地存在于我们今天的社会之中。

道教神庙会中，神祇大都是在土生土长的基础上被道教文化所吸收运用，其本土色彩是异常浓郁的。道教神庙会的文化内容是一个庞大的信仰系统，其中典型的庙会如泰山庙会群，遍布中原的东岳大帝庙、碧霞元君庙等庙宇，分布最广的当推各色老君庙、天师庙、文昌庙和玉仙圣母庙，包括被道教化的黄帝庙，在民间具有广泛而深入的影响。这里一个重要的问题是道教徒在宣扬自己的信仰时，积极主动地吸收了世俗神的信仰，在此基础之上借助神话，采用古老的王权政治的造神传统而到处封神加冕，以"玉帝""神仙""老君""后""祖"为名的神庙一时在民间星罗棋布，特别是与风水文化联姻后，庙会的意义就更加复杂。总体上讲，道教神庙会在信仰崇拜的基础上有意识地对世俗神加以改造。

在佛教神庙会中，一个最为突出的文化特征就是佛教文化的中国化。诸如佛祖，在很大程度上吸收了中国的祖先崇拜。诸如观音菩萨，更多地吸收了中国的女神崇拜、生殖崇拜，特别是子嗣意义上的信仰崇拜。更不用说韦陀、关羽的护法意义对中国世俗文化的明显吸收和改造。佛教寺庙的神像衍生的诸多故事，合理地运用中国传统的风物传说、人物传说，而表现独特的信仰意义。同时，佛教文化在石窟、碑刻、庙宇诸方面的造神活动，以更宏大的气势影响、冲击着民间信仰。佛教信仰之所以非常广泛的被中国民间所接受，一个很重要的因素在于它与中国世俗文化一样同属于东方文化，在文化个性上有许多相近似的地方，再者，它关于苦难和生命的哲学适于中国世俗的人生观，佛教信仰作为更高的哲学意义的人生经验的总结，在一定程度上启发了中国人民对于苦难的精神克服和超越。

从庙会的性质上划分，有以娱乐活动为主和以商业活动为主的两类。娱乐活动为主的庙会主要是借庙会游春，此种庙会以游乐为主，宗教与商业活动是次要的，参加游乐的人又以妇女为主。如旧历正月十九日白云观的庙会，又称为"宴九节"或"燕九节"，仕女赴白云观游宴，便有此风。又如三月初三之蟠桃宫，仕女多在东便门内柳阴下走马射箭，谓之为"踏青"。《天咫偶闻》中记载："太平宫，在东便门外，庙极小。岁上巳三日，庙市最盛。盖合修葺、踏青为一事也。"此种庙会可名为"春场"。明人著《帝京景物略》曾记明代迎春时在东直门外五里为"春场"的故事，并附言庙会。每年农历三月二十七是传说中的天后诞辰，届时天后宫会举行盛大的庙会，当地群众则组织各种民间文艺花会前去表演。传说，清朝康熙皇帝曾亲临天津欣赏天后宫花会，并钦赐了会旗，所以，后来天后宫花会就改称为"皇会"。

古代生活习俗

商业活动为主的庙会，在庙宇中设定期市集，交易百物，故又称为"庙市"。《旧京琐记》中写道："京师之市肆，有常集者，东大市、西小市是也。有期集者，逢三之土地庙，四、五之白塔寺，七、八之护国寺，九、十之隆福寺，谓之四大庙市，皆以期集。"这类庙会主要内涵是"市"，决定因素也是"市"。这些庙会为开市而开市，开庙即开市，开庙日期根据贸易需求而定，不与宗教节日挂钩，庙会期间，商人祀神以求利市，信徒进庙烧香叩头，皆是小规模的，附属于市的。上海的龙华庙会是农历三月游龙华寺（位于今徐汇区龙华镇）、赏桃花的节日盛会。庙会一般自三月十

五日开始，至二十八日结束。早在明末清初，民间就有"三月三，上龙华"的说法。龙华古刹，近水临街，巍峨庄严。每逢三月间，十里桃花，艳若红霞，车马舟船，川流往来，毂击辔连，舳舻相接，游人香客纷至沓来，是为赶庙会。旧时，庙会多售农副产品，如竹林藤器、香烛、龙华稀布、瓜果菜蔬和净素风味小吃等。

如果从庙会举行的时间来划分。又可分为

定期庙会和临时性庙会两种。定期庙会是在时间
上相对固定的一种庙会形式。庙会文化活动一般
都安排在宗教节日或民俗节日期间进行，如在端
午节、清明节、元宵节时，我国许多地方都有赶
庙会的习俗。有些大都市，由于人口经济繁荣，
除了节日有庙会活动外，还逢某某日便开庙会，
如清代的北京城，"有的寺庙逢单、双日开市

（即庙会），有的逢三开市"等。而有些庙会不需要定期开展，只是在有需要的
时候临时补充，即临时性的庙会。

这是大致的分类。其实在明清以后，各地区、各民族的庙会文化活动，随
着自然条件、民族的自身习俗的不同而各有特色，庙会文化活动已有了相对固
定的形式和内容。庙会是一种特殊的集市，我们从庙会的名称（如二郎神庙会、
娘娘庙会、东岳庙会、关公庙会、药王庙会、香火会、迎神赛会，城隍庙会、
张公祠逢会、双林寺庙会等等）中可以看到，庙会最初是关乎信仰与鬼神崇拜
的节日，是寺庙的节日，也是信仰者的祈求与还愿的日子。每一个庙会背后都
会有一段动人的故事。

（三）为什么要"赶庙会"

庙会和村镇存在的那种集体贸易不同，庙会体现出的更多的是一种心理上
的情结。村镇的贸易集市中没有精神层次上的震撼，多是一个固定的日子，四
方乡亲赶来买卖就罢了，很随意，没有固定的仪式和必需的准备。而庙会不同，
庙会是有目的性的，有一定宗旨的，人们按照一定的组织程序和活动模式，把
各种崇拜的神或者信仰的形象和群众的精神寄托撮合在一起，这种撮合是群众
自发的、自愿的，参与者没有什么规定的义务和责任，不管什么地方有庙会，
富人穷人都可以自由参加。

庙会中的各种活动非常吸引老百姓的眼球，平时百姓的生活比较枯燥，庙
会中丰富多彩的活动正好丰富了大家的业余生活。在庙会的迎神活动和庙会娱
乐活动中，演戏往往是必不可少，乡间有"高搭戏台过庙会"之说，在举行庙
会的时候大都会请来好戏班唱戏，凡经济实力雄厚的庙会都会邀请当地最有名
的戏班和最有名的戏角。而每逢庙会开庙搭台唱大戏的时候，许多人都会从四

庙

会

面八方涌到这里，因为看戏是老百姓最喜欢的一项活动，而来参加庙会的这个过程，在民间就俗称"赶会"或"赶庙会"。在这里，你信神也好，不信神也罢，无论你来干什么，均行自便。所以，来到庙会的人不一定是为了敬神，更多地是为了放松身心和感受热闹的氛围。关中人有个习惯，把参加庙会活动叫做"看热闹"或者是叫做"逛庙会"，一个"看"字，一个"逛"字，道破了许多人的心理，从中可以看出百姓来的目的就是为了看热闹、找乐子。

清末蒲城有个楹联家叫吴克联，有一年为家乡的庙会写了这么一副对联贴在戏台的两边。上联是：看光景即速到场，为买些东东西西，设立三天大会；下联是：这热闹不纯是戏，还借它吹吹打打，惊醒三月闲人。老百姓就是这样实际，在那封闭式小农经济时代，庙会便有了动员生产、督促生产的意味。有的人上庙会完全是为了看戏踏青、吃吃喝喝、会亲访友、交际贸易。有的甚至连这点小小的目的都没有，就是兴之所至，是维系一种习惯，为了保持一种风俗。就是因为庙会是我国民间较为普遍的一种结社形式，参加庙会的人没有政治经济上的联盟，只是想在寻觅精神上的出路方面与周围的人相协调，于是庙会又是一种具有多方面潜在功能的重大活动。

不仅老百姓喜欢来赶庙会，一般大型庙会也是各色人等汇聚之处，算命看相、江湖郎中、唱戏的、耍杂技的、僧人道士等各类人物，其中商人小贩和江湖艺人最为活跃，也是最引人注目的。庙会中的商人以小商小贩为主，这些人中，有磨剪刀的、小炉匠、修洋钱的、焊桶补壶的、钉碗补盘的、收破烂的。很多货郎肩挑百货，摇着货郎鼓贩卖针线脂粉之类。游方郎中也是引人注目的人物，他们或摆药于市，一块白布上写满能治之病，或者游街串巷行医。

小商小贩、坐贾行商是庙会集市的中心人物。他们奔走于城乡之间流通物品、传播信息，商人的流动性与开放性特征给农村生活注入了活力，也带动了

文化风俗的传播与变化。雁北忻州一带的集市庙会，买卖牲口是大宗，牲口买卖价格、牲口的好坏甚为重要，所以懂行的商人在买卖中起很大作用。他所熟悉牲口口齿年龄及好坏，有拍骡马的经验。对于牲口，精明的商人总结出的经验是："牛要肩头高，马要屁股大"，"前膛宽，屁股圆，一定能用几十年"，"上选一张皮，下选四个蹄，前胸膛宽，后屁股齐，用手一摸，毛密不密"。

同样是卖东西，庙会上卖与平日里的交易多少有些不同。庙会的交易有其特别的地方。庙会上人很多，可是要把人吸引过来买东西可不是件简单的事情，很多卖主是想尽办法变着法儿的吆喝叫卖。尤其是那种在各个庙会中打"游击"的小商贩，像卖针线、卖膏药、卖鼠药等不起眼的小玩意的商人，他们有很多经验。他们往往先表演一段颇为

精彩的节目，吸引观众围拢而来，然后把他们转化成自己的顾客。有的商家叫卖声短小，往往是重复地说唱着自己货物的名称，但是唱起来音调有起有伏，有长有短，很是入耳；有的叫卖声比较长，词儿比较丰富，不光是叫人买东西，还诙谐有趣。

于是，庙会上常常叫卖声此起彼伏，热闹非常，成为庙会生意的一大特色。小贩一边忙活手中的活计，一边不时地敲打出悦耳的节奏，口中还不停地吆喝出婉转动人的叫卖声，听来十分有味儿。按照他们的方法吸引顾客来，就是"有钱帮个钱场，没钱捧个人场"，造出一种热闹的声势，以招徕更多的顾客。

来赶庙会的人群中的另一个重要角色是江湖艺人，他们表演戏法魔术、杂技、武术及民间的戏法，有的艺人迫于生计，往往是兼习数业，都是多面手。他们见多识广，还可以为人看病、算卦卜命。有的武术艺人也兼为票号商人做保镖，并收带徒弟，传授武艺。庙会中的江湖艺人大部分平时在外演出，他们一般不会羁留在一个地方，往往会给自己安排一个时间表，把方圆百里的庙会时间记录下来。然后按照时序奔走于各个庙会场所，只有到年底时候才会回家与亲人团聚，开春之后再出去卖艺。有时农忙的艺人会在家干活，农闲出来演出。这些艺人过去被称作优伶，百姓也称其为变戏法的，耍杂技的，耍武术的，他们的社会地位不高，多为生活所迫而操此行业。

这些艺人多以个体艺人或家庭人口为单位，流动性很强，四处漂泊，走南闯北，来往于各个庙会城乡。如清代山西陈四一家，各怀绝技，外出卖艺，逐渐发展成为一个130多人的戏班子。他们云游四方，凭借耍杂技功夫，走钢丝、变戏法，兼及算命卜卦，子辈相传，甚至远走到河南、湖广、云贵等地。这些演戏班子，有男有女，在庙会期间，摆地划圈，进行表演、靠人施舍，生活并无保障。《汾州观太平封妇瓮戏》中说："新年庙会百戏陈，扮演牛鬼兼蛇神。

陆见平地累几案，鸣钲四顾招游人。"其中所讲，就是清代山西汾州太平村庙会中一个女艺人演出的状况。

在《北平庙会调查报告》中记载，1937年的北京土地庙会、护国寺庙会上的杂耍场所竟有20个之多，海王村及隆福寺庙会也有五个杂耍场。杂耍场一般搭建简单，好一点的用布幔围上四周，仅留一处开口，里面摆上桌子条凳；差一点的就只在空地上摆上桌子，艺人站在桌前表演，观众三面观看；最次的，在地上画个圈便可算作场子了。场子虽然简易，但是杂耍场的表演却是五花八门，通常有大鼓书、相声、拉洋片、变戏法、武术、摔跤等等。而观看杂耍说唱的人，总是围得里三层外三层的。

在庙会上，这些民间艺人也会因身手不凡而大出风头，甚至因此声名鹊起，以至于身价百倍。清末，活跃于庙会的非常有名的曲艺艺人有说相声的仓儿、王麻子，唱太平歌词的大个儿王等。民国初年至20世纪30年代的艺人有说相声的华子元、小张麻子、陈大头、罗荣寿等等。到庙会表演的艺人，都会亮出自己的绝活以吸引更多的观众捧场。山东岱庙庙会在其繁盛时，曾吸引许多说唱艺人赶会。在快书上很出名的于小辫（于传斌），他常在岱庙附近的茶馆表演，在茶馆里，听众一边喝着茶水嗑着瓜子，一边听于小辫说快书。于小辫最拿手的是《说蛤蟆》，他的腔韵富有变化，"有九腔十八调，七十二哼哼"的说法，快板夺字，优美动听，学什么像什么，南腔北调，惟妙惟肖，他也因为快书说得好而在当时红极一时。除了说唱艺人设场卖艺，岱岳庙会还有挑皮影、拉洋片、玩大箱、玩刀枪、玩猴等表演活动。

与花会表演和一些固定仪式活动具有娱神色彩不同的是，庙会上的曲艺、杂耍等表演大多都是民间艺人谋生的手段。他们借庙会的人气，设场卖艺，招揽观众。艺人们精彩的表演给庙会增添了欢乐的色彩，使得庙会这个民间艺术展演的大舞台更加瑰丽多姿。

各类神庙遍布全国，在神灵诞生的日子、在春祈秋报还神送神的寺庙节日之时，求子的、祈寿的、求神消灾免病的、还愿的等都汇集于寺庙。除了求神拜佛、烧香叩头者之外，还有许多看热闹的、游玩的和其他目的的人汇集而来。众多的人为饮食服务的产生提供了条件，敬神拜佛又为香纸买卖创造了市场，附近的居民便借机出售自己的农副产品，远近的商贾也携货而来进行交易。这样，庙会的内容也就丰富起来，同集市一样，在农村社会及农民生活中起到了不可替代的作用。

二、庙会文化的发展历程

（一）庙会的渊源

　　庙会的起源，可以一直上溯到古老的社祭。上古之时，"庙"并不指寺庙，因为那时还没有佛教道教，当然也无后世所谓的寺庙。上古的庙，只是指帝王、贵族祭祀祖先的宗庙。《诗·大雅·思齐》："雍雍在宫，肃肃在庙。"又《周颂·清庙序》："清庙，祀文王也。"郑玄笺："庙之言貌也。死者精神不可得而见，但以生时之居立宫室、像貌为之耳。"传说这种庙始于轩辕黄帝。宋高承《事物纪原·庙》

云："《轩辕本纪》曰：'帝升天，臣豪追慕，取几杖立庙，于是曾游处皆祠'云，此庙之始也。"《说文解字·广部》："庙，尊先祖貌也。"段玉裁注："古者庙以祀先祖，凡神不为庙也。为神立庙者，始三代以后。""庙"既不是寺庙，"庙会"之"会"本也不是后代平民百姓的一般聚会。在上古，"会"是特指天子与诸侯或诸侯之间的一种定期会见，是一种极重要的政治外交活动。这种"会"，须在天子或盟主的宗庙中进行，通过对先王的祭祀而完成，用以示一体、分远近、明君臣，十分郑重。显然，这种庙会一般人不可能参与，因而与后代的所谓"庙会"也相去甚远。

　　"庙"与"会"的连用，最早见于《论语·先进》"宗庙会同，非诸侯而何"一语。虽然孔子这话是把宗庙祭祀与诸侯盟会作为两件事说的，但这两件事的密不可分和"非诸侯而何"所表明的（宗）庙会（同）的严肃性、重要性却由此而见。后来，"庙""会"又进一步连在一起，如《后汉书·张纯传》："元始五年，诸王公、列侯庙会，始为祀祭。又前十八年亲幸长安，亦行此礼。"以上就是庙会一词较早的文献资料。即便不从孔子算起而从《后汉书》的作者范晔算起，也已经有1500多年的历史了。而那时它们的含义，都是隆重严肃的宗庙祭祀活动。

古代在祭祀天地山川诸神时，以乐舞作为娱神的方法和人神沟通的手段。这可以追溯到原始宗教产生之时。殷商甲骨卜辞中，就有商王亲自以羽舞祭四方之神的记录了，如："戊子贞:王其羽舞，吉。"到了周、秦、汉代，非乐舞不能致神的观念更加强化。《周礼·春官·大司乐》说："若乐六变，则天神皆降，可得而礼矣……若乐八变，则地示可出，可得而礼矣……若乐九变，则人鬼可得而礼矣。"古人似乎认为，天地神灵人鬼，都是好凑热闹的，非用热闹的乐舞是请不出他们来的。因此，自远古起，飨祭或祈祷，总是少不了音乐和舞蹈，这就给后世庙会举办各种娱乐活动提供了依据。

　　另外，古代重大祭祀总是定时定点，对后世庙会也有直接的影响，特别是历代帝王不断以诏令形式建立各种祭祀，规定时间地点内容等，更加强了这方面的影响。正因为后世的庙会从名称到内容，甚至定点定时等形式，都无一不存在着上古祭祀的影子，所以我们说，它的起源应当追溯到上古的祭祀。但是，上古祭祀特别是帝王参与并主持的祭祀所固有的严肃性、神秘性，又使它与后来民间的庙会愈来愈不同。特别是后来民间庙会最明显的群众性和商贸气氛的特点，不是上古祭祀所具有的。

　　在漫长的远古社会，庙会和崇神是一体的。由于生产力的落后以及人们对生存的渴望，这个时期庙会的经济功能没有显现，而更多体现的是其帮助人们生产收获的功能，人们祈祷神灵，祈求风调雨顺，农业生产丰收。一直到商周时期，庙会都是一种不自觉的活动。周代，王为群姓立社，称为太社，自为立社，称为王社；诸侯为百姓立社，称为国社，自为立社，称为侯社；百姓二十五家为里，里各立社，称为民社或里社，而社神是土地神，为民社的精神支柱，民众向社神祈求风调雨顺，都要进行社祭。社祭时要有舞乐。

　　战国时期农业生产力的发展因为铁器的使用而更加迅速，人们认识社会、自然和自身的水平大大提高，随着祭祀活动的进一步集中和市场的拓展，以庙会为中心的经济市场就更加繁荣了。这时候庙会从城镇为中心转变为向广大乡村扩散，尤其是庙会经营主体——商贾开始活跃起来。作为一种文化传统和经济活动，这种状况到秦代并没有大的变化。

（二）庙会的形成

汉代以后，庙会向多元化转变。汉代庙会的主体性质因为佛教文化的传入而发生了变化。东汉时期佛教开始传入中国，从此，佛教文化如滔滔洪水般涌向中华大地。伴随着佛教教义的传播，佛寺星罗棋布于中原地区的名山、巨邑、小镇。许多著名的寺院如洛阳白马寺、开封相国寺、登封少林寺、临汝风穴寺、镇平菩提寺、石佛寺及瓦宫寺、信阳灵隐寺、光山净居寺、安阳高阁寺、济源盘谷寺、辉县白云寺、汝南小南海、永城崇法寺、许昌文明寺、项城高丘寺等，如雨后春笋，林立中华大地，并留下了许多神奇的传说。于是，崇佛庙会应运而生。到了唐代，唐太宗下诏在地方监理寺庙，设置译经院，延请国外名僧。贞观时期玄奘西游，成为中外文化交流史上的美谈。尽管后来历史上曾经发生过"三武一宗法难"，即北魏太武帝拓跋焘、北周武帝宇文邕、唐武宗李炎、后周世宗柴荣"禁佛、灭佛"事件，他们将血腥笔墨泼溅在中国佛文化的历史画卷上。但"禁佛、灭佛"没有使佛教销声匿迹，佛教文化依然发展。同时，这一时期道教也逐渐形成。佛教与道教之间展开了激烈的生存竞争，在南北朝时都各自站稳了脚跟。

唐宋时代的经济高度发展，佛教和道教都达到了自己的全盛时期，道教文化经过帝王们的倡导迅速地繁盛起来。道教文化是强大的本土文化，庙、台、祠、宫、观、庵等道教建筑在中原地区的分布十分密集。如登封中岳庙、洛阳关林庙、桐柏淮渎庙、济源济渎庙、汤阴文王庙、洛阳周公庙、内乡文庙、淮阳人祖庙、西华女娲庙、商丘阏伯台、鹿邑太清宫和老君台、浚县碧霞宫、济源王屋山奉仙观和阳台宫等，还有各地的龙王庙、天爷庙、祖师庙、娘娘庙、火神庙、土地庙、城隍庙、关爷庙、山神庙、河神庙、禹王庙、圣母庙、二郎神庙、泰山庙等，数不胜数。这些庙宇为日后庙会的发展奠定了基础。尤其是北宋时期，中原地区一度出现了经济大繁荣和文化大繁荣，以东京开封为中心的城镇经济迅速发展，庙会亦应运而兴。

在各种庙会的开展过程中，各地都煞费苦心地创造出一系列的宗教活动，如水陆道场、坛醮斋戒、诞辰庆典、开演俗讲等等。名目繁多，却都通俗热闹，不拒俗众。它们与上古祭祀截然不同，前者严格限制参加人员的范围，后者则尽可能招徕群众；前者仪式中的乐舞活动是为了娱神，因此娱乐中渗透着神秘和严肃，后者更注重的是媚众，因此神秘严肃的活动掩盖不住欢娱，正由于这些不同，才使善男信女们趋之若鹜，乐此不疲。加之历代皇帝也几乎无一不好此道，经常推波助澜，致使这类活动多具有"轰动效应"。只是在佛、道二教传播早期，常常需要用主动走出去的方式去扩大宣传、争取群众。如佛教的"行像"活动就是如此。所谓"行像"，就是把神佛塑像装上彩车，在城市街道上巡行的一种宗教仪式。这种形式的活动常常吸引大批民众前往观看，往往形成万人空巷的场面。自南北朝至唐、宋，"行像"已经具有了固定的时间和群众性、娱乐性特点，但流动性太大，更像庆祝节日的大游行，因而它还远不是后世的庙会。随着佛、二教的发展，"行像"这种主动走出去的活动逐渐减少，代之而起的是定点、定时的法事活动，即在寺、观中设道场，坐等信徒俗众来顶礼膜拜、斋戒听讲等。事实上，自南北朝至唐宋，社会生活已被佛、道二教所渗透，历史上是所谓"崇佛"、"敬道"的时期。不知不觉中，整个社会已经染上了"宗教狂热症"。就在这个过程中，原属上古原始信仰的许多民间祭祀活动，也渐渐被佛、道二教浸染，唐宋之后，更几乎形成了非佛、道不成祭的局面。

到宋代时也出现了一些新的情况，原来属于民间信仰的祭神活动，纷纷与佛道神灵相结合。原来民间在家中或乡间里社中举办的一些祭祀神灵的活动，

纷纷挂靠上了佛教或道教的神灵，由乡间里社逐渐转移到了佛寺和道观中进行，民间的各种社、会组织也主动前往集会助兴。于是在佛、道二教的各种庆典节日时，人们也主动组织各种社、会，到寺庙、道观及其附近去祭酬或庆祝集会。这样，寺庙、道观场所便逐渐成了以宗教活动为依托的群众聚会的场所了。这些宗

教活动逐渐世俗化，也就是说更多的是由民间俗众出面协商举办。这种变化，不仅大大增加了这些活动自身的吸引力和热闹程度，也使这些活动中的商贸气息随着群众性、娱乐性的加强而相应增加。在宗教界及社会各界的通力协助下，庙会活动得到进一步的发展。

从这个时候起，庙会活动从原来的由宗教界独自办、主动办，世俗人被动参加，变为宗教界与社会各界联合办，甚至是社会各界主动办，宗教界被动配合的局面了。这种变化，不仅大大增加了这些活动的吸引力和热闹程度，也使这些活动中的商贸气息随着群众性、娱乐性的增加而相应增加。就这样，这类活动形成了宗教与民俗"风助火势，火助风威"相得益彰的形势，并终于发展成为不可遏制的蔚为大观的局面。佛与道或分庭抗礼，或相互渗透，使庙会文化更加丰富。

虽然这一时期的庙会不论从其数量还是规模上，在全国都已形成蔚为大观的局面，但就庙会的活动内容来说，仍偏重于祭神赛会，而在民间商业贸易方面相对薄弱。庙会的真正定型、完善则是在明清时期，并且延续到近代。

（三）庙会的兴盛

尽管宋末在佛寺、道观及其附近，由世俗或宗教界搞起的许多定点、定时、定内容的活动，已经具备了群众性、社会性、娱乐性的特点，并因此产生了越来越浓厚的商贸气息，从而已经基本具备了我们所说的庙会或庙市的形态和特征，但是，直到元末明初，仍仅把这类活动叫做"会"。其他酬祭活动，也只有"火社"或"赛庙""赛会""赛神会"等名称，就是没有"庙会""庙市"的叫法。

明代是庙会昌盛的重要转折时期。"庙会"或"庙市"的叫法出现于明代中后期。当时城乡商业贸易不断发展，在这时"庙会"才有了自己正式的名称并很快兴盛起来。随着经济的发展和人们交流的需要，庙会就在保持祭祀活动的同时，逐渐融入集市交易活动。这时的庙会又得名为"庙市"，成为中国市集的一种重要形式。随着人们的需要，又在庙会上增加娱乐性活动，突出商贸功能，从而成为人们经济生活、精神生活和文化生活的重要组成部分。经济的飞速发展，使得在洛阳、黎阳（浚县）、陈州（淮阳）等规模较大的城镇大兴土木、建造庙宇成为可能。明代手工业的繁荣，刺激了生产力的发展，也促进了经济和文化的繁荣。庙会在这种背景条件下比以往任何时期都要繁密，从规模上、类型上和对地方的影响作用上，都大大超过了以往任何时期。

明代庙会有一重要的特点，就是"行会"或者称为"会馆""公所"的大量兴起，使庙会更加秩序化。中原地区出现许多"山陕会馆"，他们敬祀关羽，立祠建庙，特别是建造戏楼等祭祀场所，使庙会的影响和作用进一步扩大化。行会，是封建商人和手工业者的组织。它大约开始于隋唐时期，唐宋时期成为"行"，宋元时期，一直到明初，称"团行"，明代中叶以后多称为"会馆"，后来又称为"公所"。它对会聚庙会的主体——商贩和手艺人，起着十分重要的作用，承担起庙会的组织者、管理者、经营者的角色。

这时的很多官方文件中记录了"东岳庙会""关王庙会"等庙会，也有不许越境参加庙会活动的禁令，可见当时人们纷纷不远数千里去赶庙会、进香斋僧，以致演成蔓延失控之势，成为社会问题，官方才不得不有所约束，明令禁止这类跨地区的活动。正因为当时庙会已很兴盛，同时期的小说、诗词等文学作品，也纷纷对庙会、庙市进行记录描写。"凡百般货物俱赶在城隍庙前、直摆到刑部街上来卖，挨挤不开，人山人海的做生意"，"衢巷气蒸纷骛走，殿庭香绕吻鸱含。官虽屏从犹遮扇，客匪祈神亦住骖。廓庑肯容存隙地，工商求售厌空谭……行丐酡颜疑魃蝛，募僧黄面比瞿昙。摩肩迳窄恒如仆，触鼻尘污似若甘"，这些描述让人如临其境，仿佛看到那庙会上，官员、客商、乞丐、募僧，各色人等，不分贵贱，挨挨挤挤，弄不清谁是来参谒神灵的，谁是来买东卖西的，谁又是来趁热闹游玩的。

当时"庙会"或"庙市"已经成为社会生活中的重要内容。并且那时赶庙会的人中，真来礼神拜佛的人少，买卖东西的人也不占多数，占绝大多数的是看热闹的观光游客。可见，由于历史和社会多方面的原因，当时庙会的内涵已决然不是上古的"庙会"，也不同于唐代以宗教宣传为主的各种法会，同时它也不是宋代俗众、宗教界联合或单独举办的各种"社"或者"会"，今天农村中的

集市更不能与之相提并论，它已经发展成一种依托宗教庆典祭拜节日、在佛寺道观及其附近形成的集游艺、商贸、宗教于一体的大型民间聚会。

到了清代，这种庙会继续发展并有了一些新的特点。乾隆年间，碧霞元君庙会是当时北京庙会之最。这个庙会清代一直持续发展，到光绪年间达到了鼎盛状态，中心从京近郊的南顶移至远郊京西北昌平的妙峰山。

明清时代庙会以北京首善之区为中心，范围遍及大江南北、长城内外，其形式各地大同小异，名称也如上面涉及的有"庙会""庙市""庙""会""香会"等多种，但其实质内涵都是一样的，只在诸如规模形态、完备程度等方面不尽一致而已。现存各地方志及其他一些当时人的笔记著作，特别是清代的著作中，多有这方面的资料保存。

也许有人认为，明清时代，既有"庙会""庙市"两种称呼，它们也应是两种不同的事情。其实，在开始时，也许有过这种分离的趋势，"庙会"的内容侧重于宗教活动，按节日举行；"庙市"侧重于集市贸易，按月定时举行。然而发展的结果，这种趋势并没能分离成两种不同的事物，相反在一百多年前，这种趋势已不复存在，"庙会""庙市"已混为一义了。最迟到清代末年，"庙会""庙市"已全无分别，所指已经都是一回事了，不过因为城乡商业的繁荣，按月举行的庙市在各地都逐渐减少，多数改为依托节日举行。原来依托宗教节日举行的庙会则多集中在春秋两季，特别是春光明媚的农历三四月间举办的为多。

总之，庙会是从经过数千年积淀的民族文化沃壤中逐渐孕育出来的。它从古代严肃的宗庙祭祀和社祭及民间的信仰中孕育诞生；汉、唐、宋时期，加入佛、道教的宗教信仰和娱乐形式，开始形成；经过明清的进一步完善发展，突出商贸功能，从而成为人们经济生活、精神生活和文化生活的重要组成部分，达到兴盛；经过现当代的嬗变并获得重振。庙会在历史发展的过程中不断融合和演变。从庙会活动的主题上看，一开始占主宰地位的对神的崇拜在渐渐衰弱，为人服务的主旨逐渐加重。从活动的内容上看，愈加地世俗化，艺术、游乐、商品交易等在发展过程中上升到主体地位。

庙会

三、庙会上的活动

因庙会主题的不同，如敬祖的、祭祀的、祈祷的、郊游的、开赛的、集贸的等等，庙会表现出来的文化也是各具特色。庙会上形形色色的人们或拜佛、或郊游、或购物、或嬉戏。

由于庙会适应了当时底层消费者休息时间短且少，收入低消费水平不高的特点，而且大都利用寺庙周围的地界，摊位租金极低，因此养活了一支熟悉庙会业务的赶庙会商贩，他们按月按日逢会必赶到各开市的庙会去出摊。在北京，隆福寺庙会规模最大，据《十大古都商业史略》记载："摊贩云集，游人拥挤，除日用商品土产杂货外，农具什物、丝绒棉线、纸绢绒花、鞋帽布匹、儿童玩具、花鸟虫鱼、小动物、零售小吃、戏曲杂耍、耍中幡、卖野药等等无不具备。"隆福寺、白塔寺、护国寺三大庙会非常有名，在护国寺的北门，卖吃食的大多集中在这里，灌肠、炸糕、元宵、扒糕、凉粉都有，色香味都不错，吃的人也挺多。庙会的中院除了卖各种吃食零嘴儿外，还有摆地摊、卖耗子药、卖蹭油、蹭癣等野药的，一些唱蹦蹦戏的、唱落子的、变戏法的、拉洋片的，或是搭个遮风挡雨的布棚，有的干脆就是露天，只围有一圈麻绳作为象征性的场地范围。这些演出团体的一个共同点就是：除围有一圈大板凳外，板凳后面还站有一圈观众，在这圈不花钱白听蹭儿的人当中，既有大人又有孩子。不一会儿就有人拿着簸箩从后台出来，直奔前场冲着观众圈前高喊："打钱了！打钱了！"于是观众纷纷伸手掏钱扔簸箩里，等打完钱再接着看。

为了扩大宗教的影响，为了使得香火得以延续，最好的办法就是投百姓之所好——引进人民群众喜好的娱乐活动。如《武林旧事》卷三《社会》中说："二月八日为桐川张王生辰，霍山行宫朝拜极盛，百戏竞集。如徘绿杜（杂剧）、齐云社（鞠球）、遏云社（唱赚）、同文社（清乐）、雄辩社（小说）、锦标社（射弩）、角抵社（相扑）、清音社（清乐）、绘革社（影戏）等。"这些都是当时赶庙会的盛况记载。还有些寺院干脆把"瓦

子"搬到寺院中以吸引香客，"东京相
国寺，乃瓦市寺也，僧房散处而中庭两
房，可容万人"。可见寺庙的很多宗教
活动，都吸收了民间的各类文娱活动，
而这些文娱活动正是在当时的城市、民
间广泛流行的。

（一）宗教活动

  庙会的真正形成与宗教祭祀密切相关，与宗教相关的活动是庙会的核心组
成部分。人们参加庙会，善男信女们执乐送经进驾者，其目的或是祝福，或是
求子，或为求寿，或为还愿，这同信徒们的"朝圣"有某些相近之处。所不同
的是，宗教活动在庙会中都有相关的仪式，大抵都包含了请神、迎神、祭神、
送神的几个步骤。

  当庙会庙期来临的时候，请神和迎神是庙会宗教活动中的重要部分，但是
不同的神灵、不同的庙会，请神、迎神仪式的繁简程度、时间的长短、规模的
大小也都不尽相同。在请神之前还要进行许多准备工作，如庙会的一定经费及
使用方法、确定请神人员、安排花会走会和邀请戏班等。在起会之前，还要打
扫庙宇或净坛，悬挂还愿者赠送的匾额、招贴对联、布置神殿或神棚等，为请
神仪式做好准备。通常打扫神庙多是妇女为主，她们不但要负责打扫神庙，在
夜间往往还要唱诵经文，进行祈祷，表示欢迎神灵的到来。明嘉靖《池州府志》
中对请神的记载："凡乡落自（正月）十三至十六夜，同社者轮迎社神于家，
或踮竹马，或肖狮像，或滚球灯，妆神像，扮杂戏，震以锣鼓，和以喧号，群
饮毕，返社神于庙。"

  在山西平顺县东峪沟九天圣母庙会中，请神仪式十分隆重。一般庙会第一
天是请神仪式，包括奉香拈神、排班摆驾、演队戏；第二天是迎神日，主要仪
式有跑车圆神、小儿报食、迎神上香会和入庙安神。

  有的庙会中核心的部分是祭神这个环节。通过祭拜庙宇中的神灵，神的功
德得到了彰显，人们对神的崇敬和祈愿都得到了表达。祭神是沟通人和神的主
要渠道，祭神的方式也是多种多样，如上供、唱诵、跳神舞等。

上供是最为常见的方式。供品是人献给神灵的礼物，人们通过向神灵上供，希望神灵能够护佑自己。人们为了表达对神灵的虔信，不惜财力和心思，竞相向神灵上供。在祭神部分，唱经也是一种常见的娱神活动，在有僧侣的寺庙中，僧侣在庙会期间会诵唱宗教经文，讲述神迹、弘扬神德。而一般的香客为了取悦神灵也会唱诵经文。有的时候，还会有专门唱经的人，哪有庙会，他们就赶到哪里。与唱诵经歌相应的，在一些庙会中，还有跳神舞等祭拜活动，与民间秧歌等舞蹈相比，跳神舞的宗教色彩较浓，并大多与当地的神话传说相配合。

庙会期间许多行会都借此祭祀自己的职业神，如铁匠行要祭老君，铸造业祭祀"炉神圣母"，金银铺还举行"财神会"。唱戏也是为了感谢神灵的保佑，至于专门为敬神而举小的庙会，如关帝庙会、财神庙会、药王庙会，其祭祀目的就更为明显了。庙会期间，庙前香烟缭绕，鞭炮声不断，叩头者、贡献者、上香者、扔钱者络绎不绝。庙会的最后一项就是送神收会，几天的热闹和忙碌，大家把神请回庙中继续供奉，庙会也就随之告一段落。

在客家人的民俗中所谓"替菩萨保奏"，实际就是客家人重要的迎神庙会。客家人信仰的是康王神，这位康王神是指唐代安史之乱时抗击叛军死守睢阳而壮烈牺牲的张巡，睢阳人曾为其立庙塑像奉祀。大概在南宋末年，客家人南迁时，亦将康王菩萨搬到新迁的地方，为其建立康王庙，继续祀奉，称康王为"坊神"。所谓"坊神"就是保护这一方百姓平安的神祇。客家百姓数年来都比较平安，于是认为这是"坊神"保护有功，因此应向天上玉皇大帝报功，请求对"坊神"嘉奖荣封，这就称之为"保奏"。"保奏"时先要成立执事机构，然后向百姓"写缘"（募捐），筹集经费。神会庙产的收入，自然可以用上。有了经费，便请来道士设坛念经，"作法上表"。"作法"时，整天锣鼓齐鸣，管弦高奏，灯火辉煌，香烟缭绕，炮声连天。道士手执令剑，念念有词。青年人抬着"坊神"乘坐的"銮轿"，在道士的指挥下"练神兵"。这时敬香的、朝拜的、看热闹的数不胜数，人山人海，热闹非凡。这样热闹了几天，道士要做的都做完了，便组织队伍到万寿宫去。因为万寿宫里的许真君是江西福主，是神界里

的最高长官，大概是要由他转达玉皇大帝的旨意，对被百姓保奏的"坊神"给予什么奖励、荣封什么职位都要由他来执行。

队伍出发时，一面大旗在最前面引路。这就是庙会的"巡游"阶段，神像巡游往往是整个庙会活动的高潮。旗手要是大力士才行，因为旗面大旗杆长，一般的人是擎不动的。接着是五颜六色的彩旗队伍，这些旗比较轻，青少年都可以扛得起。然后是执兵器的队伍，那些兵器就是原来摆放在庙里的刀枪剑戟（木制的油漆好了），还有扛回避牌的、鸣锣的。再后就是抬神像的队伍。道士们跟在神像后，吹鼓手、炮手（放鞭炮的）又在道士后面，最后面是一年轻人。一路上是锣鼓喧天、唢呐高奏、弦乐齐鸣，炮声更是震耳欲聋。这个队伍不下数百人，旌旗蔽天，浩浩荡荡。当天晚上在万寿宫做完一切应做的事情后，第二天吃完早饭，大家便仍按来时的顺序排队打道回庙。回来后将荣封后的神像放回原位。道士拜完最后一道文书后，就将用黄纸印画的"神符"分发给捐了钱的人家，贴在门上，表示神明保佑，永葆平安。至此，迎神庙会才算结束了。

（二）文化活动

集市和庙会不仅是农民物资交易的场所，它也是一种社会文化现象，"乡镇立香火会，扮社火演剧，男女游观，招集贩卖，人甚便之"，它是农村社会、文化娱乐、信仰及社会关系的载体。集市与庙会也是一个区域内民俗风情、生活方式等的集中表现。

作为一种民俗，庙会比单纯的集市更具社会色彩，它把商品交换、社会交往、宗教信仰、神祇崇拜、问医求药、驱魔修德，娱乐看热闹、访亲会友等活动集于一身，真可谓五花八门，热闹非凡。庙会上的文化活动各式各样，异彩纷呈。算命打卦的、买卖书籍的、吹糖人的、捏面塑的、耍猴的、吹拉弹唱卖艺的、做气功表演的，使孤寂、单调的农村生活充满欢乐。特别是大型庙会更具民俗色彩。

迎神赛会，朝圣还愿中的多种娱乐活动，以仪仗、鼓乐、杂戏方式周游于街巷以表达民间百姓的祈福喜庆之愿。晋南有些庙会叫做"迎神赛会"，在庙会

庙
会

之前，人们就开始排练锣鼓、花鼓、赛马、高跷、旱船、狮子、扎枒抬阁、花车、鼓车、戏车等。在稷山、万荣、夏县等地，庙会开始后，各个村庄都饰儿童为百戏，执戈扬盾，导之以幡幄，神之车驾由壮汉轿夫八抬或十六抬始之上庙，以锣鼓、旗卒、执事牌匾为先导，后面肃之以仪仗若干。锣鼓喧天，并有衣冠整齐者一人，手执绣于薄绸之上的神仙画像，下面挂着进香者的榜文。后面跟随高大的彩旗若干，并伴之以纸糊的巨型耕牛、羊、猪等饰物，组成一支浩浩荡荡的队伍，一路敲锣打鼓、跳舞讴歌、挨村迁绕。之后，到庙前鸣炮、焚香、续榜、化缘。观者蜂拥而至，红男绿女，人山人海，妇女登车而望，十分壮观热闹，这一活动是庙会的最高潮。

在农村的集市庙会中，庙会更是沟通自然村落之间的心理交往与信息传递的重要渠道。对于广大农民来说，在交通不便、传播信息手段落后的情况下，大家各处一方，彼此很不容易见面。因而，只有在集市庙会上，人们才有机会碰上不同村庄的人从而解决各种问题。每逢集市和庙会日，附近村庄的居民，甚至相当远的村庄居民都要前来赶集赴会。他们不仅仅是出于买卖东西的经济需要，也常常是为了进行某些社交活动，或希望到集市庙会中了解更多自己所需要的信息。当然很多人是几者兼顾。

比如，此村姑娘与彼村小伙子的婚姻搭桥，媒人之撮合，双方长辈见面、定亲，往往也都是在集市庙会上碰头解决。而且，农民婚嫁，所需首饰衣服、嫁妆等物件，平时购买困难，借此机会领男携女亲自到会购买，自由挑选，心满意足。如过去的陵川县"俗于榴月念七日为城隍庙会，商贾辐辏，邑人终岁所需及婚嫁器用咸于此时置备焉"。

以前村民们没有也无法使用现代的信息传播工具，除了远处的亲友之外，他们几乎不在近距离内写信。喜生贵子、满月日期，定婚与结婚的日子，都以其独特的方式传达给每一个相关者，集市庙会便是一个传递信息的场所，捎口信，访好友都可以办得到。值得一提的是，这种口头传递的方式相当准确、可靠，一般不会误事，丧期则有专门的报丧人，显得格外庄重。

集市的社会交往意义使人们可以在这里消磨掉五六个小时，甚至更多的时间。在农村女儿及姐妹出嫁以后，母女见一面也并不

容易，况且农家终生劳作，省亲看女，探亲访友，既无暇时，也无机会。因而，就借集市庙会之期，不约而同，均可会面。他们在这里碰上亲朋好友就会坐下来好好聊一聊，人们的感情由此而更为亲近。这就是为什么很多人走几十里路来赶集赶庙会的原因，其中不乏步履蹒跚、头发花白的老人。

此外，集市庙会是本地与外地、各种消息、信息的中心，通过人们集中于庙会、再分散于乡里，本地和外地的各种新闻、消息便在本社区中迅速、广泛地传播扩散，形成具有社会影响的舆论，这对人们的行为具有重要的影响。因此，赶集赴庙会已远远超出经济交往范围而有了社会生活的更深刻含义。

某种意义上讲，庙会还是一个大型娱乐场所。过去，在集市或庙会上拥有雄厚实力的店铺或具有初级行会性质的商会，都在大型庙会之前，出资或集资邀请一些剧团进行助兴演出，以招徕顾客。而一些剧团和江湖艺人也都是趁机赶来，献艺演出，挣钱糊口。所以，戏曲杂剧的演出是庙会的重要内容。山西的庙会所演出的有山西梆子、北路梆子、蒲剧、豫剧、秦腔折子戏、上党梆子等等，所演的内容故事多为才子佳人、忠臣孝子之类，庄严悲烈、唱腔优美，非常适合百姓的口味，所以深受人们的欢迎。观剧时，男子坐在前面女子立于后，而大户人家的家眷则坐在自备的轿子当中，秩序井然，人多而不乱。

以前，演员全是男性，到了民国之后，也有女子登台献艺。这样就使广大妇女为之一振，她们更乐于观看女子的演出。而且，女演员的行头装束，一颦一笑，都为女观众们所喜爱。演员的服饰打扮，为人们提供了一种示范，农村妇女的装束也会由此而产生某些变化，娱乐之中，也产生了某些移风易俗之效。此外，集市庙会时，说书者、魔术师、武术表演、西洋镜、杂技以及医卜、星相之流也都充分地利用此机会搭棚献艺。这就使表演娱乐的各种方式汇聚于集市庙会，热闹非凡。

人们可以看到，那些平时起早贪黑，经年劳累而不得空闲的农民群众们会充分利用这一机会享受一下生活的乐趣。他们购买一些自己喜欢的东西，吃着风味小吃，围着耍魔术的人欢笑，目不转睛地盯着江湖艺人耍杂技，为惊险动作高声呐喊，庙会带来的欢乐使人们兴奋的情绪和热烈的议论会持续好长一段时间。

庙会

（三）商业活动

　　集市庙会是传统农村的商品交易之地，也是农民的超级市场。集市与庙会一般以自然村落为址，在乡镇与县城则多设于繁华的街道与交通方便处。一般按照单日、双日、途三、逢五、送七、逢十等多种约定俗成的期限为确定集日或会期，相邻的村庄的集日是不能相同的，必须错开，以免冲突，地方人立集的习惯是：五里内不得有相同的集期。这样，人们如果需要可以一天一集而不冲突，游商可以交错于各个集市，进行买卖而不误事。

　　从山西的集市看，各地的集市结构不尽相同。如山西徐沟大常镇集、集文村集、南尹村集，是逢单日的集会。隔五日集在山西较为普遍，也有每旬一集的，如山西的万泉县的集会。隔月集者，如山西介休的张兰镇、郝家堡、湛泉等都是每月十五日当集。

　　集市的产生适应农村社会的需要，因而，集市的分布取决于自然村落的分布状况、人口的多寡、交通条件和自然环境。当然，集市的分布同手工业产品的产地也大有关系。而每一个集市所容纳的赶集人口、辐射范围也都是一定的。集市与环境、人口、村庄、交通、物质等因素构成了一个有机的社会生态结构。

　　集市的多寡同经济发展水平相关，山区人口稀疏，经济不发达，集市也就较少，反之在平原地区，经济较发达，集市也就较多。但是，在空间分布上，庙会是依附于寺庙而形成的。所以，无论在分布上，还是在举行日期上，庙会均无一定之规。一般的集市都是日出为市，日落则散，而典型的庙会则持续时间较长，短则一二天，多则数十天。集市或逢三、或逢五便要举行，而庙会更多的是一年一次，或数月一次。当然，有的庙会与集市是合二为一的，所以，二者之间并无严格的区别。

　　无论是集市还是庙会，商品交易都是主要内容。在交通要塞，大型重镇的集，往往都具有一县或一区之内物资集散地的作用，成为远近居民日常生活用品的交易场所。民国时期盂县上社镇的集市贸易，每逢集日，人们从四面八方前来赶集，肩挑的、身背的、驴驮的、车拉的，陆陆续续，络绎不绝，一起涌向集市。大街小巷人山人海，哪里都是挤不透的人流。除各家店铺敞开门面大做买卖之外，小商小贩沿街又新设了许多摊子，大的有牲口市、粮食市、煤炭市，小的则有水果、山货、纺织品等等，农民们在这里尽量地推销自己的农副产品，同时换取自己必需的生产资料和日常生活用品。很多土特产如花椒、柿子、核桃、黑枣、棉花、烟、桔梗、药材、皮毛、杏仁、大麻子都在这里由专门商贩收购后向县、省内外推销，当地的桔梗、烟叶、花椒、核桃驰名全国，还远销海外。

庙会商业的发达，也使许多地方形成了大型专业市场，使其商业的辐射力与物资集散能力大为提高。例如，太谷县的阳春会，有绸缎棚一巷，估衣棚一巷，羊裘棚一巷、竹木器一巷、车马皮套棚一巷。其余的瓷器、铁器、纸张等虽不成巷，亦不算少。在山西北部，马市、驼市均以商品交易为主。会期一般在四至七月内，以骡马交易为主，也有酬谢托福于龙神为目的的，但是为次，至于酬其他神者之会较为少见。此时的骡马早已度过严冬，吃得膘肥体壮，正可出售。借此机会买卖骡马，兼之交易农家收获农具，会期之后，骡马及收割农具正可派上用场。五台山的骡马大会以买卖牲畜为大宗，衣物布匹、杂货、粮食次之，一切食物又次之，每次大会，天津、北京、太原、西安、济南、内蒙古的客商买卖者都赶来进行交易，影响很大。

集市庙会的商业功能，与农村居民的生活最为密切，特别是在山西的很多交通不便的山区，集市的交易价值更为重要，"浮邑地处僻壤，商贾不通，购置货物甚艰，惟……庙会时，招集远近商贾，鬻诸般货物，邑人称便焉"。庙会、集市为百姓调剂余缺、满足日常生活的需要，促使农民及手工业者的小生产能够正常运行，为生产与交换、生产与消费搭起了一座桥梁，使整个社会得以正常运行。

（四）庙会小吃

旧时庙会是结合佛、道两教的宗教节日而开放的，人们到庙里去，主要是为了进香，求福祈祥。有些定期庙会，晚期已无香火，演变成纯贸易性的集市，人们逛庙主要是买些土特产和日用百货，顺便看看小戏和杂耍，进行娱乐。对于参加庙会的农民来说，每到会期，每个家庭，不论是贫富，也不分贵贱，一般都会给子女们若干零用钱，购买可口的小吃及零用物品，所以庙会上那种吃食摊子自然也就座无虚席了。

在庙会上经营的风味小吃，有它的特点，一般都是浮摊，有的支个布棚，亮出字号，里面摆了条案、长凳；有的则只将担子或手推独轮车往庙上一停，任人围拢，站立而吃。经济实惠，适合平民的消费水平。在定期庙会上，吃食摊比较集中；临时节、年庙会则多与土产、百货、卖艺者间杂在一起。

北京的庙会上的小吃其实多半是北京日常街头巷尾叫卖的吃食，具有北京地方特色，适合北方人的口味，形成固定套路。长期以来，在庙会中买卖的小吃的品种基本上没有什么变化，如：豆汁，扒糕、凉粉、灌肠、羊霜肠、茶汤、油茶、豆面糕、炒肝、炸丸子、艾窝窝等。

有人说，豆汁是清朝时老旗人的吃食，其实喜欢喝豆汁的人并不局限于民族，也不拘贫富。旧时，穿戴体面者如果坐在摊上吃灌肠或羊霜肠，就会被人耻笑，但在摊上喝豆汁则不足为耻。卖豆汁的照例是从粉房将生豆汁趸来，挑到庙上，就地熬熟。前边设个长条案，上摆四个大玻璃罩子，一个放辣咸菜，一个放萝卜干，一个放芝麻酱烧饼、"马蹄"（此系另一种形式的烧饼，状如马蹄，故名。有椒盐马蹄、两层皮的水马蹄之分），一个放"小焦圈"的油炸果。案上铺着雪白桌布，挂着蓝布围子，上面扎有用白布剪成的图案，标出"×记豆汁"字样。夏天还要支上布棚，以遮烈日。经营者通常为一二人，不停地向游人喊道："请吧，您哪！热烧饼、热果子，里边有座儿哪！"

扒糕是用荞麦面和榆皮面做成的小圆坨，如烧饼大，蒸熟后，夏天放在冰上镇着；冬天则放在炉铛上，加油炒热，谓之热炒扒糕。夏天卖扒糕的多是与凉粉一起卖，有粉块、粉皮，还有小拨鱼儿，都浸在盛有冷水的大木盆里。与卖灌肠、豆汁的一样，搭棚设座。案上摆着作料罐：用花椒油拌过的酱油、芝麻酱、醋、蒜汁、芥末、辣椒油等。等到有顾客来吃时，才临时调上这些调料。经营者仅一二人，不停地吆喝："筋道的扒糕，酸辣的凉粉啦，请吧您哪！"

灌肠本应是用猪大肠灌上碎肉和淀粉，蒸熟后削片在铛上用大油煎烙。如后门桥华安居、福兴居所卖，质量甚精。但庙会上所卖的灌肠却只用淀粉点上红曲水，做成肠形（即粉坨子）削成小块在铛上用不太好的汤油半煎半烙，使其外焦里嫩，然后浇上蒜汁盐水，用竹签扎着吃。

羊肠子灌上血，肠子上的油白似秋霜，故名霜肠。过去，羊肉床子里只卖生的，讲究的，里边还灌了羊脑儿、脊髓。小贩趸来后，进行加工，炖熟后，状如小小的红哑铃，煞是好看。吃时，加上芝麻酱、酱油、醋、香菜。庙会上，小贩多是用一辆独轮小车，上边按炉坐锅，锅旁摆调料罐、碗筷。顾客吃的时候可席地而坐，或蹲或站。

茶汤是炒熟的糜子面，放上红糖，用滚开的水一冲即成。油茶是用牛油或素油将面粉炒熟，放上糖，用滚开的水一冲。茶汤和油茶都有所谓"八宝"之说，其实就是加上山楂条、青红丝、葡萄干、核桃瓤、瓜子仁等一些果料，使之香甜可口，别有风味。经营此业的多兼营"藕粉"。通常是设一把紫铜的大茶汤壶，保证随时有开水可用。

豆面糕又名"驴打滚儿"，早年从乡下传进城里，是黏糕的一种。其做法是将黄黏米面蒸熟后，摊开铺平，撒上熟豆面和红糖，然后卷起来一切，状如螺丝转儿。还有的用豆沙或红糖包成像鸡蛋大小的团子，滚上炒豆面，放在小碟里，有的还浇上"糖稀"，吆喝道："豆面糕来，要糖钱！""滚糖的驴打滚啦！"在庙会上经营此业的多系回民，只用一辆手推车，车上的铜活擦得铮光瓦亮，引人注目，以此招徕生意。

炒肝名为炒肝，实际上是烩肥肠加上一点点肝（并没炒），用白汤或口蘑汤勾上芡，略放蒜泥少许。讲究的还要浇上炸花椒油，这样，喝起来可以爽口。庙会上的卖炒肝的棚子多兼营包子、烧饼。

炸丸子是以豆面加上碎粉条炸出的丸子。其吃法有两种，一种是清汤五香白煮的，还要加上些炸豆腐泡儿，谓之炸丸子炸豆腐。吃的时候放些醋、香菜末和辣椒油。另一种是用煮肉的汤勾上芡，成为卤煮丸子，吃的时候放些蒜泥。因为吃主儿都是劳动人民，故老北京谓此为"洋车丸子"。后者，有兼营山东大锅饼的。

艾窝窝是将蒸熟的江米擀成小饼，包上冰糖渣儿、山楂糕、芝麻、青梅、抟成元宵形，裹上糯米粉，使之不粘在一起。一般有白糖、澄沙、枣泥几种。为区别起见，上边都做了红点记号。庙会上卖艾窝窝的往往也卖元宵、年糕。

上述这些个小吃摊点，亦担亦摊的为多，挑起来是个担子，放下来是个摊子。营业时，仅用一根木头搭起个方形旱伞布棚而已。此外，还有面茶、杏仁茶、江米粥、炸糕、炸肠、带汤的糖豌豆，不一而足。以上这些品种，除羊霜肠等个别品种外，大部分都保留下来了，已见之于近年春节的新型"庙会"上。

四、当代庙会的发展

一年又一年，庙会成为一个传播中华文化的大舞台。从自发开始，到形成习惯，最终为历史所接纳。庙会的发展历史也是一个不断创新的过程，作为中国传统风俗中的一种典型集体活动，庙会随着经济发展和人们的生活需要，掺进了经济交易活动，增添了娱乐项目，并且逐渐形成为一种在固定日期定点举办的盛会。自20世纪60年代起，庙会也曾在人们的生活中短暂地消失了一段时间，直到改革开放后的八九年里，一些现代化的庙会才相继开办了，随着表演活动的丰富，现代庙会的形式和规模较之以前已大有不同。

（一）传统庙会在当今的局限

现代庙会作为一个复杂历史阶段后兴起和发展的活动，在一个经济、政治、文化已经发生了很大调整的社会中，已经和传统庙会有很大的不同。传统庙会大都以供献天帝、祭祀神灵、祭奠祖先、驱邪禳灾、祈祷丰年为缘起和核心，多由当时社会上的头面人物与宗教职业者为主自发组织，而当今社会的庙会政府部门的组织作用日益突出。由于政府部门的介入和参与统筹，调动各方力量协调一致，使庙会活动有序化程度有所提高。

传统庙会文化以宗教活动为核心，民间民俗活动和商品经济交易附着于宗教活动。当代庙会旨在弘扬民族文化，与隆重的祭祀神灵活动相结合，活跃商品经济。因而举办单位对庙会全部活动进行周全规划，统筹安排，认真管理。传统庙会文化主要以宗教活动来吸引广大群众，当代庙会文化主要依靠大众文化的社会地位和社会功能，影响调动社会各方面力量，开展社区活动，形成地域范围的多方面、多层次的大文化的交流。

传统庙会文化活动的一个特点是自发性，容易聚合，容易散失。当代庙会文化活动有专业和业余文化工作者自觉介入，目的明确。传统庙会文化往往带有封闭与神秘的色彩。当代庙会文化在科学昌盛的今天，已经成为发展文化、经济和开发旅游事业的资源之一。传统庙会文化，出于科技不发达，所以文化活动形

式相对而言较为简陋。

（二）现代庙会中的气象

庙会文化的重新兴起和活跃给我们这样一个启示：庙会文化作为群众文化活动和民族传统文化的重要部分，应具备更加厚重的文化功能和经济功能。

在文化方面，庙会上的活动适应广大受众的接受能力和审美需要。人们在生活中需要娱乐和感情宣泄，庙会提供了一个机会，在这个共享空间中，人们可以走走看看，消除身心劳累，这是其一。其次，爱美是人的天性，在庙会活动中，无论是宗教祭祀礼仪、民间戏曲、民间民俗文化、文娱体育活动或五光十色的商品展会，都可以使人赏心悦目，在精神上达到愉悦。第三，人们对知识的渴求，使人们希望能认识世界，了解上自天文地理，下至鸡毛蒜皮，以及身边发生的无数的新鲜事。人们通过在大众化的庙会文化中的广泛接触，逐渐丰富和充实自己的知识储备。庙会传承和发展了民间民俗文化，在庙会活动中，人们互相学习、交流，不断地发展和再创造。如，宗教音乐、民间舞蹈、民间绘画、民间手工艺品、体育活动、民间游艺……正是通过庙会活动不断地延伸、继承和发展，才保证了今天民俗文化的完整性。庙会是认识社会的窗口，是一幅幅活生生的"风俗画"，使人们认识社会的客观存在。许多思想家、社会活动家、民俗学家、文艺家等都把庙会当做他们观察社会、了解社会的"窗口"。对庙会文化中所表现出来的人生态度、价值取向、思维方式、道德情操、审美趣味、宗教情结以及生活习俗、行为方式等方面的研究，实际上是研究和观察一个地区的性格和精神。

在经济方面。庙会是农村和城镇一定区域的政治、经济、文化、技术、信息中心，与发展经济关系极为密切。庙会在城乡交流中可以起到纽带作用，是农民日常生活用品交换、调剂的场所，可在农民之间、社队之间、城乡之间，互通有无，调剂余缺，它对促进城乡生产的发展，繁荣城乡经济，改善城乡人民生活都有重要作用。在改革开放时期，许多经济实体改变了传统社会身份，自由进入庙会，使得庙会经济活动更活跃，有助于经济进一步发展。

我们还应该清醒地看到，庙会经济作为一种特殊的经济形式，不但有经济的直接功能，而且对意识形态也产生巨大作用，也就是说，商品经济对宗教的最大冲击是把人们引向物质利益的追逐，讲究经济效益，重视实利，其目的是

庙会

为了直接取得价值，最大限度地追求物质利益。

综上所述，庙会文化实际上是一种社区文化（乡土文化）、通俗文化，是反映社会生活的、大众的、通俗的文化层次，是某种共同的心理、感情、信念、价值标准、道德情操、风土习俗、生活方式、宗教礼仪、行为规范等等的综合文化，具有一定的塑造力、约束力、感召力和凝聚力。

在人们的记忆中，庙会曾经是集聚了各种传统文化符号的舞台。在这里，可以看到东北的二人转、山东的大秧歌、老北京的天桥杂技、各地特色的食品点心和谐地结合在一起，这是一个美好回忆的嘉年华。

庙会是一个热闹的去处，也是一个和谐生活的典型体现。人们逛庙会，极少看见不和谐的事物出现于其中，也极少听见不吉祥的声音。随着时代的变化，和谐不但是一种继承，更是一种发展。今天的庙会，成功地融入了现代文化的内容和全球视野下的中国式理解，这正是一个和谐社会的缩影。而更多的外国艺术家在"洋庙会"上一展身手，正是在证明中国传统文化舞台的巨大吸引力。从这个意义上说，庙会体现出了传统节庆形式的崭新生命力。

在一个多元化的社会空间中，和谐并非单调的声音，而应当是更加丰富的旋律。要知道，最动听的春节序曲不能用一种乐器演奏，只有多种乐器的美妙组合才能奏出美妙的旋律。最和谐的社会也不能用一种传统充盈，各种传统与文化思想的良好互动，才是社会物质和精神财富富足的体现。只有新事物、新文化的进入，才能为传统的舞台增添新的亮点，激发自我创新与改革的精神，从而为民众提供喜闻乐见的艺术和文化形式。

庙会文化是我国灿烂民族文化的重要组成部分。随着社会的进步，现代意识的注入，庙会内容不断变化，使庙会文化既有保存、继承的价值，又有发展创新的前景。我们逛的是我们过去、现在和将来的生活，从远古逛到今天，从今天逛到未来。每次逛庙会，中国人都会历数一次生活的精彩。而今天，中国与世界已经不可分割，传统和现代也正在融为一体，在这个背景下，庙会也承载了从未有过的厚重。

根据本地区区域情况，积极地打造出一种有地方文化特色的庙会活动，不仅在群众当中会收到好的反响，而且能够作为一个舞台，把属于本地区的文化向外界展示出来，更能带动当地特色文化经济的发展。

古代生活习俗